古代天皇たちの真実

「紀年復元法」で浮かび上がる
「日本古代史」の新たな地平

伊藤雅文

ワニブックス
PLUS新書

はじめに

「あなたは仁徳天皇《にんとくてんのう》の治世がいつだったのか知っていますか？」

この問いにいったい何人の方が自信を持って答えられるでしょうか。

中学校や高等学校では習いません。大学でも教わることはないでしょう。

それは、日本の歴史学の分野においてまだ確定していないからです。

その最大の理由は、日本の古代史に確かな年代観、確かな編年表（歴史上の事柄の新旧・前後の関係を明らかにし、現代でいえば西暦に換算しうる年表）が存在しないことにあります。

ローマ帝国では、紀元前二七年にオクタウィアヌスがアウグストゥスという称号を得て初代ローマ皇帝となります。

これより先、カエサルが「ブルータス、お前もか」という有名なセリフを残して暗殺されたのは紀元前四四年ですし、絶世の美女として名高いクレオパトラが自身をコブラに咬ませて自殺したのは紀元前三〇年です（ただし、事の真偽には疑義もあります）。
また、中国で戦国時代の秦王政《せい》が統一を果たして秦始皇帝となったのは紀元前二二一年のことです。

このように紀元前であっても確かな編年表が存在する国もあります。

しかし、日本の皇室は現存する世界最古の王室であることが間違いないにも拘《かか》わらず、古代天皇の治世が不明なままなのです。

日本に歴史書がないわけではありません。『古事記』や『日本書紀』があります。七一二年に完成したとされる『古事記』は進上（＝献上）記事がないため来歴が不確かな面もありますが、『日本書紀』はのちの『続日本紀《しょくにほんぎ》』に七二〇年五月二一日、舎人親王《とねりしんのう》が元正天皇《げんしょうてんのう》に進上したと記され、日本最初の正史であると認められています。

その『日本書紀』は年次を追って記していく編年体という様式で書かれています。だから、初代神武天皇《じんむてんのう》即位後の年代を確定していくことが可能です。

それでも日本古代史に確かな編年表が存在しない最大の理由は、『日本書紀』が大幅な紀年延長を行っていることが明らかだからです。紀年とはある年次を基点（紀元）として数え始められる年次のことであり、『日本書紀』は初代神武天皇の即位年を紀元としています。

その神武天皇即位年を西暦に換算すると、紀元前六六〇年となっているのです。

それは一般的に縄文時代から弥生時代への過渡期とみられている年代です。その年代設定だけでなく、初期天皇の軒並み一〇〇歳を超える長寿、それに伴う一〇〇年におよぶ治世などによって、完成した七二〇年の認識がどうであったかはともかく、現代では明らかに年次が創作されていると断じられています。

それで、確かな編年表を作ることが非常に難しいのです。

「では引き延ばされた紀年を復元していけばよいではないか？」

誰でもそう考えると思います。

当然、先学の多くもその難題に挑んできました。『日本書紀』『古事記』の紀年を復元しようとする試みは「紀年論《きねんろん》」といわれています。

明治時代の学者、那珂通世《なかみちよ》はその先駆けといってよいでしょう。

歴史学者で東洋史にも精通していた那珂通世は、中国漢代に流行した未来予言説である讖緯《しんい》思想のひとつ「辛酉《しんゆう》革命説」に着目しました。干支《かんし》（えと）が辛酉の年に革命が起きるという俗信です。

そして、暦法から一蔀《いちぼう》＝二一元（十干十二支の一運六〇年×二一）＝一二六〇年という年数を導き出し、推古天皇《すいこてんのう》九年（六〇一年）から一二六〇年さかのぼった年に神武天皇の即位年（辛酉年）を設定しているのだと説きました。

また、神功皇后《じんぐうこうごう》摂政紀、応神天皇《おうじんてんのう》紀が干支二運（一二〇年）繰り上げられていることなどを検証して、紀年を復元しようとしました。

その後、『古事記』に分注として付けられた崩年干支に着目した紀年復元法や、天皇一代の平均在位年数を用いる復元法などが提示されて現在に至りますが、残念ながらいまもって最終的な結論は得られていないといってよい状況です。

そして、それ以上に気になるのは、現在の歴史学の分野において紀年論への取り組みが積極的になされているようにみえないことです。袋小路に入り込んでしまっているといってよいかもしれません。

一方、科学は日進月歩です。

今後、考古学的な発掘調査や従来の出土物に対する再調査などが進めば、より精密な分析結果が示されることは間違いありません。一年単位の特定も可能になってくるかもしれません。

しかし、それとクロスチェックできる古代史の編年表がなければ、その分析結果が歴史上の何を示しているのか判断しようがないのです。

たとえば、日本最大の前方後円墳である大仙陵《だいせんりょう》古墳の築造が完了して埴輪が並べられた時期が西暦四五〇年だと確定されたとします。

「では、大仙陵古墳はどの天皇の陵墓なのでしょう?」

その答えは、専門家のあいだでも意見が分かれるのが目にみえています。一般的にいわれているように仁徳天皇《にんとくてんのう》の陵墓であると考える方もいれば、それに反対される方も必ずいるはずです。そして、反対派のなかでも比定される天皇が一致するとも思われません。一人ひとりの年代観が異なるからです。

一定程度、定説化した編年表が確定されない限り、日本古代史では未来永劫このような状態が続いていくわけです。

日本古代の真実の姿を知りたいと熱望されているみなさんは、現状をどのようにお考えでしょうか。たとえば、異なる年代観を持つ先生方の講演を聴き比べて、いったいどちらが正しいのか、やきもきされたことがきっとあるはずです。筆者もそうでした。

そのような状況を打破するには古代史編年表が必須であり、その作成は急務といえるのです。

そこで、本書では従来にない新しい紀年復元法を世に問うてみたいと思います。

少し長くなりますが、内容を表す名称にすれば「『原日本紀《げんにほんぎ》』仮説による無事績年《むじせきねん》削除短縮法」というものです。対象とする年代は、欽明天皇の崩御年である五七一年以前です。

方法論的には非常にシンプルなものです。誰でもすぐに再現して検証することが可能ですので、ぜひお試しいただければと思います。

この復元法によって求められる新たな古代史年表が、静まりかえった紀年論の沼に一石を投じることになれば、このうえない喜びです。

＊「天皇」表記について

「天皇」という言葉が使用されるようになったのは、おおむね天武天皇《てんむてんのう》（在位六七三年〜六八六年）の頃であろうと推定されています。それ以前は「大王《おおきみ》」が用いられていたと考えられています。そのため、本書で扱う時代は厳密にいうと「天皇」の時代でない場合がほとんどです。しかし、本書が主に『日本書紀』の記す歴代「天皇」紀について考察していく便宜上、とくに注釈を加えることなく「天皇」表記を用いることにします。

第一章　「紀年論」のこれまで

紀年延長の証拠

紀年論について考える前に、紀年延長が確実に行われているということを数字によって確認しておきたいと思います。

『日本書紀』は「神代《かみよ》」という神々の世を描いたのち、初代神武天皇から第四一代持統《じとう》天皇《てんのう》までの治世に何があったのかを書き綴っていきます。

一般的な認識では、『日本書紀』において紀年延長操作が施されているのは、第一九代允恭天皇《いんぎょうてんのう》以前の治世についてだろうと推測されています。

そこで、初代神武天皇から允恭天皇までと第二〇代安康天皇《あんこうてんのう》から第四一代持統天皇《じとうてんのう》までの治世期間を比較してみます。

初代神武天皇の即位年は紀元前六六〇年であり、允恭天皇の崩御年は紀元後四五三年です。合計一一一三年間となります。

それを天皇の代数で割ってみます。第一四代仲哀天皇《ちゅうあいてんのう》と第一五代応神天皇《おうじんてんのう》の間に摂政を務めた神功皇后は即位しませんでしたが、その摂政期間も一代と数えると合計は二〇代となります。

一一一三年を二〇で割ると、一代平均五五・六五年という数値が得られます。

一方、安康天皇即位の四五四年から持統天皇が退位（文武《もんむ》天皇《てんのう》への譲位）する六九七年までは二四四年間です。

この間の天皇の代数は本来二二代ですが、第三五代皇極天皇《こうぎょくてんのう》と第三七代斉明天皇《さいめいてんのう》は重《ちょう》祚《そ》（一度退位した天皇がのちに復位すること）ですから実質二一代となります。

二四四年を二一で割ると、一代平均一一・六二年となります。

五五・六五年と一一・六二年。両者の間にじつに五倍近い差がみられるのです。

これはあまりにも不自然な相違であり、紀年において人為的な操作が行われている証拠であるといえます。おそらく、初期の天皇の治世が大きく引き伸ばされた結果とみてよいでしょう。

従来の紀年論

本書の目的はほかの説を批判することではありません。

しかし、「『原日本紀』仮説による無事績年《むじせきねん》削除短縮法」（以下、「無事績年削除法」と略す）の斬新さをおわかりいただくために、従来の紀年論について簡単にみておくことにします。

主要な説を大きく分類すると、次の三つになると思います。

㈠天皇一代の平均在位年数を用いる説
㈡二倍年暦（春秋暦）を想定する説
㈢『古事記』崩年干支《ほうねんかんし》を用いる説

まず、㈠天皇一代の平均在位年数を用いる説です。

計算方法の例を示してみます。ただし、これはあくまでも一例であることを先にお断りしておきます。

『日本書紀』の設定する第二一代雄略天皇《ゆうりやくてんのう》の即位年四五七年から第四〇代天武天皇《てんむてんのう》の崩御年六八六年までは二三〇年間です。これを代数の二〇で割ると一一・五年という数値が得られます。これが天皇一代の平均在位年数ということになります。

この天皇平均在位年数一一・五年を、第二〇代安康天皇以前に適用して初期天皇の年代を求めようとするのがこの方法です。

しかし、この方法には用いる基礎データによって年数が大きく変動するという弱点があります。どの天皇からどの天皇までをデータとして用いるかは大きな問題ですし、その代数の数え方にも注意が必要です。

いま挙げた例でも、仮に非即位説のある第二七代安閑天皇《あんかんてんのう》、第二八代宣化天皇《せんかてんのう》および第三九代弘文天皇《こうぶんてんのう》を削除し、重祚した第三五代皇極天皇（第三七代斉明天皇）を一代とみると、その間は一六代となり、平均在位年数は約一四・四年となります。一代の平均が約三年も延びてしまうことになります。

適用される側の初期天皇をどう判断していくかにも問題が残ります。

まず、即位せずに六九年にわたって摂政を務めた神功皇后をどう扱うのかという問題があります。一代として数えるかどうかの判断が必要です。

また、第一二代景行天皇《けいこうてんのう》、第一三代成務天皇《せいむてんのう》、第一四代仲哀天皇《ちゅうあいてんのう》あたりはよく非実在説を目にしますが、その判断も必要です。

さらに、欠史八代《けっしはちだい》（系譜のみでほぼ事績の記されていない八人の天皇（第二代綏靖天《すいぜいてん》皇《のう》、第三代安寧天皇《あんねいてんのう》、第四代懿徳天皇《いとくてんのう》、第五代孝昭天皇《こうしょうてんのう》、第六代孝安天皇《こうあんてんのう》、第七代孝霊《こうれい》天皇《てんのう》、第八代孝元天皇《こうげんてんのう》、第九代開化天皇《かいかてんのう》）のことで実在が疑問視されています）の存在をどう捉えるかは大きな問題となるでしょう。認めるとしても、すべてが父子継承とされている欠史八代の天皇を一〇年程度の在位年数で繋いでいってよいものかどうかも意見の分かれるところだと思います。

それらの判断次第では、ゆうに一〇〇年を超える差異が生じてしまいます。

このように、この方法は統計学的なアプローチではありますが、算定者の作為が大きく入り込む余地があるのです。

もちろん、多くの人がさまざまな算出方法で求めた数字が収斂していけば、ある程度正しい数値が求められるであろうことは理解できます。

しかし、たとえ真実に近い数値が得られたとしても、その数値はあくまでも「平均」でしかありません。それを、厳密に運用して得られる年次も、すべての天皇が同じ治世年数で並んだ年表にしかなりません。

現実には天皇それぞれに、在位期間が長い場合もあれば短い場合もあります。長い治世の天皇が続く時代もあれば、短期間で多くの天皇が崩御される時代もあるでしょう。そういう事象に対応することは不可能ですから、任意の天皇に適用するには無理があります。

天皇一代の平均在位年数による紀年復元は、用いるとしてもあくまで大まかな「目安」としての運用しか期待できないといえるでしょう。

次に、㈡二倍年暦（春秋暦）を想定する説です。

二倍年暦を想定した紀年復元は、在野の研究者にはとても人気があります。多くの書籍も出版されています。

二倍年暦（春秋暦）というのは、古代日本の人々は現代の「一年」を「二年」と数えていたと考えるものです。それに基づいた暦があったと想定します。すなわち、現代人は一年三六五日で一歳年をとりますが、古代人は二歳年をとっていたということになります。

しかし、古代にそのような暦があったという事例は、筆者の知る限りにおいてはですが、報告されていません。

この説が語られるとき、よく根拠として示されるのが、邪馬台国《やまたいこく》について書かれていることで有名な『三国志《さんごくし》』魏志倭人伝《ぎしわじんでん》に裴松之《はいしょうし》という人が注釈として付けた『魏略《ぎりゃく》』からの引用文です。次のようなものです。

魏略曰　其俗不知正歳四節　但計春耕秋収為年紀

（訳）魏略にいわく。倭の習俗では正月を年の初めとすることや春夏秋冬の四節が知られていない。人々はただ春に耕作し秋に収穫することを目安として年を数えている。

この「計春耕秋収為年紀」を、春に耕作して一年、秋に収穫して一年と数えていたと解釈するのです。

しかし、この注釈は「邪馬台国時代の倭人社会には中国の暦が知られておらず、倭人は農作業のサイクルによって一年を数えている」といっているに過ぎません。普通に読めば、倭人が一年を二年と数えているなどと解釈することは不可能です。

実際、魏志倭人伝をもとに記述された『晋書《しんじょ》』四夷伝《しいでん》では次のようにまとめられています。

不知正歳四節　但計秋収之時以為年紀

（訳）（倭人は）正月を年の初めとすることや春夏秋冬の四節を知らない。人々は秋の収穫を節目として一年を数えている。

『晋書』は、唐の六四八年に房玄齢《ぼうげんれい》らによって完成しました。陳寿《ちんじゅ》による『三国志』の成立は二八〇年代だとされ、魚豢《ぎょかん》による『魏略』の成立は二六〇年代だと考えられています。裴松之が注釈を付けて皇帝の文帝に献上したのは四二九年です。

現代のわたしたちよりもはるかに原典である『魏略』に近い年代を生きた唐代の人々でも、倭人が一年を二年と数えていたなどとは考えていないのです。

二倍年暦は、「記紀（『古事記』『日本書紀』）」の引き延ばされた紀年を短縮するのには手っ取り早い便利な道具だといえます。また、それゆえに広く注目されているのだと思いますが、それを用いた説は論拠に乏しいといってよいのではないでしょうか。

さて、㈢『古事記』崩年干支を用いる説です。

現状では、この崩年干支を用いた紀年復元が最も支持されているといってよいでしょう。著名な先学も崩年干支に一定の信憑性《しんぴょうせい》を認めた考察を行っていますから、そのような書物に出合うことも多いと思います。

崩年干支による紀年復元については少し詳しくみていきましょう。『古事記』はいわゆる神話に続けて、初代神武天皇から第三三代推古天皇《すいこてんのう》までの治世を記しています。その三三名の天皇のうち一五名の天皇に、分注《ぶんちゅう》という形で崩御年が干支で付記されています。それが「『古事記』崩年干支」です。

それをみていく前に述べておかなければならないことがあります。『日本書紀』についてです。

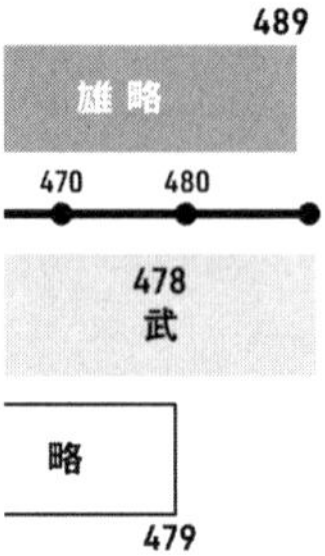

図表1-1　倭の五王と『古事記』崩年干支・『日本書紀』崩御年の比較

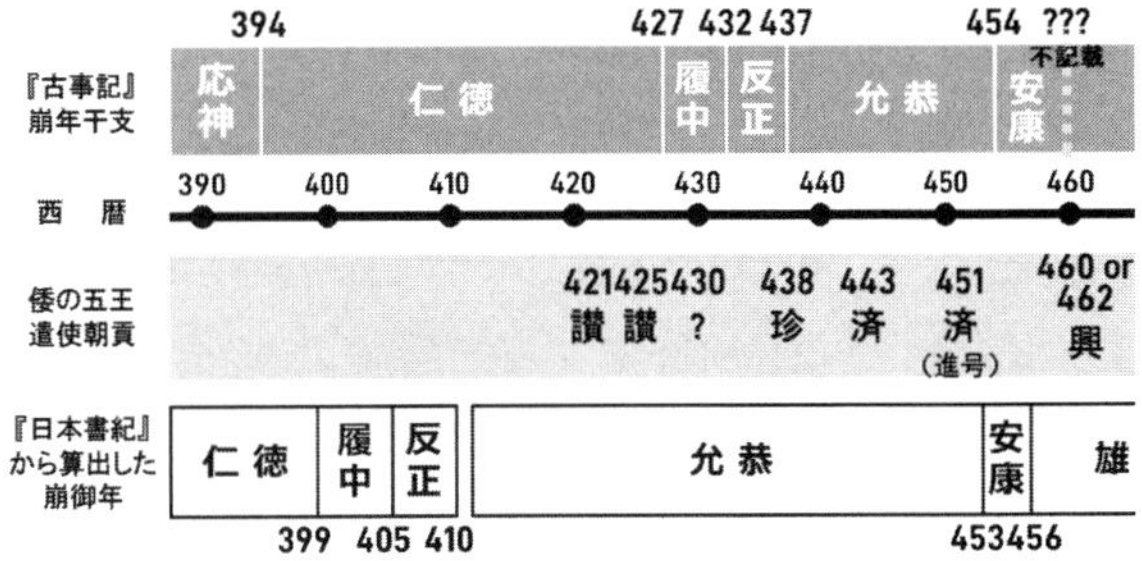

『日本書紀』は編年体史書として、各天皇の即位年を干支で記し、それを治世の元年として治世何年に崩御されたと記していきます。それによってすべての天皇の崩御された年次を特定できます。本来であれば、飛び飛びに記される『古事記』崩年干支よりよほど一貫性があり信頼度が高い記述だといえるのです。

それにも拘らず、崩年干支のほうが重視されるようになった理由には、倭の五王の比定というものがあります。倭の五王は、五世紀に中国南朝の宋（四二〇年〜四七九年）に遣使朝貢《けんしちょうこう》した讃《さん》・珍《ちん》・済《せい》・興《こう》・武《ぶ》という五名の倭王のことです。

主に中国の史書『宋書《そうじょ》』に記された倭の五王と、『古事記』『日本書紀』による天皇の崩御年を並べると図表1－1のようになります。上段が『古事記』崩年干支の一般的な比定年、中段が倭の五王の遣使朝貢年、下段が『日本書紀』の設定する天皇の崩御年です。

『日本書紀』の設定では、讃・珍・済という三名の倭王による遣使朝貢年が允恭天皇ひとりの治世になってしまいます。

しかし、『古事記』崩年干支では漠然とですが、その間に讃・珍・済に比定できそうな天皇が浮かび上がってきます。四二七年に崩御された仁徳天皇が倭王讃、四三七年に崩御された反正天皇《はんぜいてんのう》が倭王珍、四五四年に崩御された允恭天皇が倭王済というようにです。

きっと最初にこの干支に着目した人は「これこそが真実だ」「ついに答えをみつけた」と喜んだに違いありません。

『古事記』崩年干支は次第に注目度を増していくこととなり、讃・珍・済に続く倭王興は安康天皇、倭王武は雄略天皇という比定を加えて、現在の有力説へと成長してきたのです。

しかし、この説も万全ではなく、明らかな矛盾も含んでいるのです。

ひとつは『宋書』の記す系譜との矛盾です。『宋書』は讃の弟が珍だと記していますが、倭王讃である仁徳天皇は倭王珍である反正天皇の父なのです。それで、倭王讃を反正天皇の兄である履中天皇《りちゅうてんのう》に比定する説も登場しています。ただし、それでは崩年干支の治世が一致しなくなります。

もうひとつの矛盾は、倭王興を安康天皇とすることについてです。倭王興は四六〇年あるいは四六二年に遣使朝貢して、四六二年に安東《あんとう》将軍号を授号しています。

しかし、『日本書紀』では治世三年の四五六年に皇后中蒂姫命《なかしひめのみこと》の連れ子である眉輪王《まよわのおおきみ》によって殺されてしまいます。日本史上初の天皇暗殺といわれる大事件です。『古事記』も四五四年即位の安康天皇が、年次は不明ながら当時七歳であった目弱王《まよわのみこ》によって殺されたと記しています。目弱王の年齢を考えれば、『古事記』からも四六〇年代まで安康天皇が在位していたと想定することは、ほぼ不可能なのです。

つまり、倭王興の年代は雄略天皇の治世となってしまい、雄略天皇が興であり武であるということになってしまうのです。

このような矛盾にも拘わらず、崩年干支は紀年論において影響力を持ち続けているわけですが、もうひとつ、崩年干支を用いてはいけない決定的な理由があります。

それについてはあまり語られることはありませんが、崩年干支を用いた倭の五王の復元は、『古事記』の本文自体を無視しなければ成立しない説だということです。

『古事記』の基本的な構成を確認しておきますと、『古事記』は天皇の崩御された年齢（宝算《ほうさん》）を本文で記しています。その宝算に付け加えられている注釈が崩年干支です。あくまでも本文の宝算が主であり、分注の崩年干支は従ということになります。

宝算と崩年干支は図表1－2のようになります。

図表1-2　『古事記』本文の宝算と崩年干支

※第15代応神天皇から第21代雄略天皇までを抜粋

天皇	宝算	崩年干支（一般的な比定年）
応神	130	甲午394
仁徳	83	丁卯427
履中	64	壬申432
反正	60	丁丑437
允恭	78	甲午454
安康	56	（記載なし）
雄略	124	己巳489

ここでは、雄略天皇の崩年干支を通説通り認め

て、己巳《きし》年を四八九年とします。

すると、『古事記』本文で雄略天皇は一二四歳で崩御されたと記されますから、誕生年は三六六年となります。

次に安康天皇ですが、不思議なことに五六歳という宝算に崩年干支が付いていません。仮に安康天皇が治世三年に暗殺されたとします。治世三年は四五六年です。五六歳という宝算から算出しますと四〇一年生まれということになります。弟の雄略天皇が生まれてからじつに三五年の年月が流れています。

すでにこの時点で崩年干支の怪しさがみえてきますが、次にふたりの父である允恭天皇です。

允恭天皇は七八歳で崩御されますが、崩年干支はその年を甲午《こうご》年としています。この甲午年は図表1‐2のように一般的には四五四年と考えられています。

では、そこから求められる允恭天皇の誕生年は何年になるでしょう。

答えは三七七年です。

ところが、子供の雄略天皇はその一一年も前の三六六年に生まれてしまっているのです。ありえない話です。

そこで、『古事記』本文の記述に整合性を与えようとすると、允恭天皇の誕生年を干支の一巡（六〇年）繰り上げた三二七年として、崩御される甲午年を三九四年としなければなりません。

すると、安康天皇は允恭天皇の死後七年も経ってから生まれたことになってしまいますし、もはや倭の五王を云々する時期の話ではなくなってしまうのです。

そもそも、この紀年復元に『古事記』の崩年干支を用いる説の論拠といえるものはなく、「ただ『古事記』を信用するのみ」という信仰的な面があります。にも拘らず、それが付与されている『古事記』本文の宝算を無視しなければ成立しないという有り様なのです。言葉はきつくなりますが、まさに本末転倒の説だといってよいでしょう。

それでもなお、『古事記』崩年干支に頼ろうとすると、先にみた二倍年暦と融合させて、雄略天皇の宝算を半分の六二歳とする説が生まれたりするのだと思います。

本書ではそれについての言及は控えますが、関心のある方は復元してみられるとよいでしょう。

　さて、『古事記』崩年干支による倭の五王の復元が不可能ということになれば、崩年干支の人気は一気に暴落すると思われます。この年代に用いることができなければ、あとは第一〇代崇神《すじん》天皇の崩年干支「戊寅（ぼいん／つちのえとら）」を三一八年とみるか二五八年とみるかという程度しか使い道がなくなってしまうからです。

『日本書紀』の紀年復元は『日本書紀』のなかで完結すべき

　筆者は、『日本書紀』の紀年復元は、本来『日本書紀』のなかで完結すべきであると考えます。

　『日本書紀』が、五世紀以前の天皇の治世を大幅に引き延ばしているということは、周知の事実といってよいでしょう。丁寧にすべての天皇の即位年と治世年数を記していることは、その延長を誇示しているようにさえみえます。さらに、その記述からすべての天皇の崩御年を特定することも可能となっています。

　したがって、『日本書紀』編纂《へんさん》者の手による紀年延長の方法を探り出すことができれば、正しく紀年が復元できるはずなのです。それが文献史学の探るべき正道であり、それが可能であれば、他文献からの援用は無用だといえるのではないでしょうか。

いまみてきたように、元来編年体で記されていない『古事記』に唐突に付記され、その来歴も定かでない崩年干支を無批判に『日本書紀』の紀年復元に用いることは、本来なされるべき紀年復元の障害となる可能性を認めなければならないと思います。

「本来なされるべき紀年復元」とは、繰り返しになりますが、『日本書紀』編纂者の紀年延長手法を探り、『日本書紀』全編のなかで完結する紀年復元のことです。

本書ではその道を探ってみたいと考えています。

誤解を受けるといけませんので本章の最後に付記しますが、筆者は『古事記』自体を全否定しているわけではありません。『古事記』偽書説などを判断することもできません。あくまでも怪しいと感じるのは「崩年干支」についてです。崩年干支は、その一貫性の乏しさと本文との不整合からみて、『古事記』完成時点からあったものではなく、後世に誰かが何らかの意図をもって追加したものではないかと推察できるのです。

第二章

『原日本紀』仮説による無事績年削除短縮法

紀年論解明への糸口を求めて

二〇一六年、『邪馬台国は熊本にあった！』（扶桑社新書）を上梓した筆者は、必然ともいえるようにヤマト王権成立というテーマに向かうこととなりました。

三世紀前半に九州北中部に女王国があり、熊本平野の邪馬台国《やまたいこく》に卑弥呼《ひみこ》がいたという結論に至りましたが、そこから現代日本との直接的な繋がりはみえてきません。

一方、現代日本をさかのぼると、その源流はヤマト王権が発祥した奈良盆地南東部、磐余《いわれ》や纒向《まきむく》と呼ばれた地域にあることは明白です。

「両者は繋がっているのか」「三世紀前半のヤマトはどのような状況だったのか」を探るためには、まず「いつヤマト王権が誕生したのか」を知らなければなりません。

しかし、ヤマト王権の誕生時期については、紀元前とみる説から継体天皇《けいたいてんのう》の六世紀あたりまで降るとみる説までじつに幅広い説があり、定まっていないことがわかりました。

そこで、筆者自身が納得できる答えを求めて、『日本書紀』と向き合うことになったのです。

対象が『日本書紀』になったのも必然でした。

編年体で書かれた史書が『日本書紀』しかなかったからです。具体的な年代を考えるには、「いつ」その出来事が起きたのかを記している文献が必要であり、いまの日本でそれを通史的にまとめた史書は『日本書紀』しかないのです。

ところが、『日本書紀』と対峙した筆者はいきなり途方に暮れることになります。『日本書紀』の原文は純粋な漢文で書かれています。それを正しく読み解く術を持たない筆者は、訓《よ》み下し文や現代語訳に頼ることになりますが、ざっと通読するだけでは何もみえてこないのです。その膨大な文字数や登場人物の多さはもちろんですが、紀年復元に必須の年次が西暦で記されていないことが最大の原因でした。

そこで取り掛かったのが世界標準の表計算ソフト「エクセル」へのデータ入力でした。非常に手間と時間のかかる作業でしたが、それによって各天皇の治世に列挙された出来事が西暦何年に起きたことなのかを可視化することができました。

そして、何よりこの作業を通して気付いたことが、エクセルの画面上で初期天皇の治世に空白の行が大量に発生することでした。それは、初期の天皇紀に何も記されていない大量の年次が存在することを意味します。

この気付きが、本書で述べていく「無事績年《むじせきねん》削除法」の出発点です。

画面上に連続して現れる大量の真っ白な行をみれば、多くの方がこう考えると思います。

「この空白の行は紀年延長操作の結果として生じたのではないか」と。そして、「この空白の行を削除していけば真実の紀年が復元できるのではないか」とです。

さらに、この空白の行が大量に存在する初期の天皇は、先にみたように人並外れた長寿とそれに伴う長い治世を与えられているのです。試してみる価値はあると判断しました。

こうして「無事績年削除法」は始まりました。

復元方法は単純明快です。空白の行を削除して何らかの事績や出来事が記された年次ばかりになった行に西暦を対応させればよいだけなのです。

唯一の先行研究

「無事績年削除法」は、このようにじつに単純な発想から生まれました。

言葉にすれば、「紀年の延長が推定される初期天皇の治世にみられる空白の年次を削除すれば実年代が得られるのではないか」というものです。

当然のことながら、多くの先行研究があるものと思っていました。これほどシンプルな紀年復元は、誰でも最初に着想しそうなことだからです。

しかし、当初はまったく見つけることができませんでした。

本当に不思議だと思いながらも、この作業によって得られた年次をもとに『日本書紀』の内容を検証していきました。そして、二〇一九年、拙著『ヤマト王権のはじまり』（扶桑社新書）脱稿のころ、ついにひとつの先行研究に出合いました。その後もいまにいたるまでほかの研究を目にしていませんから、唯一の先行研究といってよいと思います。

それは、七〇年以上も前の昭和二八年（一九五三年）、笠井倭人《かさいわじん》という方が『史林』

で発表した「上代紀年に関する新研究」という論文です。笠井倭人氏の父上は、邪馬台国大和説の立場から卑弥呼は倭迹迹日百襲姫命《やまとととひももそひめのみこと》であり、箸墓《はしはか》古墳は卑弥呼の墓であるという説を唱えた笠井新也氏です。

ところが、笠井倭人説と本書「無事績年削除法」は基本的な手法は同じながら、根本的な目的が異なることから、論証の出発点や検証経緯および結論もまったく異なったものになっていたのです。

ここでは、「無事績年削除法」の妥当性を追究するために乗り越えていかなければならない唯一の説として、敬意を表しつつ笠井倭人説の問題点を確認していくことにします。

笠井氏は論文のなかでこのように述べています。

「(那珂通世ら) 先学の研究法を踏襲する限り、訂正紀年を考定する上での基礎となる紀年延長以前の史料の実態が明らかにはなってこないのである。したがって紀年論のより進展のためには、先学の研究法とは別途の道が模索されなければならないのである。そこで私が着目し、新しい紀年論の核にすえようとするのが、『日本書紀』にみえる、不自然とも思える程の空白年次の多さである」「この空白年次を取り除く事によって、延長以前の紀年復元の途が開かれてくるのでは無かろうか」

これには、筆者も世代を超えて完全に同意します。すでに、七〇年も前に紀年論が壁にぶつかっていたこともわかる一文です。

笠井氏は新たな方向性として、『日本書紀』の空白年次の多さに着目しました。もちろんエクセルなど姿かたちもない時代にです。

そして、歴代天皇紀における記事をともなわない年は紀年延長の結果生じたものであり、有記事年数こそが実際の治世年数であるという見解を提示したのです。

しかし、この新しい着眼点からなされた笠井説を追随する研究は現在にいたるまでみあたりません。筆者の知る限りまったくないのです。いったいなぜなのでしょうか。

その最大の原因は、笠井氏がこの手法を、復元した紀年と『古事記』崩年干支《かんし》（氏は「記注干支」とする）の親縁性を証明し、ひいては『古事記』崩年干支の正当性を立証するという目的のために用いたことにあります。つまり、出発点を誤ったということにつきると思います。

二〇〇四年の『日本史研究』において、鎌田元一《かまだもとかず》氏が笠井説に対する的確な批判を行っています。「『古事記』崩年干支に関する二・三の問題」という論文です。

鎌田氏は、まず笠井氏が反正天皇《はんぜいてんのう》の治世を例外的に五年としたことを指摘しました。有記事年数にしたがえば反正天皇の治世は二年なのですが、笠井氏は例外を設けて五年としたのです。

これを解説しますと、笠井氏が紀年復元の起点とする允恭天皇《いんぎょうてんのう》崩御年四五三年（当年称元法の崩年干支では四五四年）と、氏の論文の定点ともいえる『古事記』崩年干支による仁徳天皇《にんとくてんのう》崩御年四二七年の両方を「正しい」とするためには、その間の履中天皇《りちゅうてんのう》、反正天皇、允恭天皇の治世合計は、二六年でなければなりません（翌年称元法により履中天皇即位を四二八年とする場合）。
※基本的に、当年称元法は前天皇崩御年を新天皇元年とする紀年法であり、翌年称元法は前天皇崩御の翌年を新天皇元年とする紀年法です。『日本書紀』は翌年称元法を採用しています。
しかし、有記事年数は履中天皇六年、反正天皇二年、允恭天皇一四年の合計二二年で

あり、反正天皇と允恭天皇の間の空位年一年を加えても二三年にしかなりません。

そこで、笠井氏は『古事記』崩年干支が反正天皇の治世を六年としていることを根拠として、例外的に反正天皇の治世を五年（翌年称元法により一年短縮する）としたのです。

これは、検証対象の崩年干支をその論拠として用いるというまさに禁じ手であり、鎌田氏はこの例外を「論証の弱点が露呈している」「恣意的との謗《そし》りを免れ難い」としています。

次に、鎌田氏は『古事記』崩年干支から天皇の治世年数を算定する場合に、当年称元法を用いた点を指摘します。その論拠に正当性がないことに加え、その合計を用いることによる実年数との乖離も問題であると断じました。

さらに、垂仁天皇《すいにんてんのう》から成務天皇《せいむてんのう》に至る有記事年数五二年が、崩年干支による治世合計四〇年（笠井論文は四〇年としますが、翌年称元法では三七年となります。それは、崩年干支によれば第一一代垂仁天皇の前代である第一〇代崇神天皇《すじんてんのう》の崩御年が三一八年であり、成務天皇の崩御年が三五五年だからです。鎌田氏も「実質三七年」と指摘しています）と大差を生じることは、笠井氏の論考にとって致命的な欠陥であると批判したのです。

鎌田氏は、『古事記』崩年干支を「治世年数」という観念と一体的にとらえた点は注目すべきと結んでいますが、このような重大な問題を孕んでいた笠井説が支持を集めることはありませんでした。

すなわち、結果として笠井説は空白年次を取り除いた復元紀年と『古事記』崩年干支に有為な親縁性を証明することはできなかったといえるのです。

ここで筆者からさらなる疑問を呈するとすれば、「なぜ論の起点を允恭天皇崩御年四五四年に据えたのか」ということです。

笠井氏は「紀年の延長は允恭朝から始められたとする通説に従い、允恭朝からさかのぼって（以下略）」と述べるように、無批判に四五四年を復元の起点としています。そして、仲哀天皇《ちゅうあいてんのう》紀から仁徳天皇紀の復元紀年と『古事記』崩年干支の親縁性を立証するために、仁徳天皇の崩年干支が示す四二七年を定点としました。

しかし、続く安康天皇《あんこうてんのう》紀以降にも空白年次は存在しますし、『古事記』崩年干支も、允恭天皇以降に雄略天皇《ゆうりゃくてんのう》（己巳《きし》：四八九年）、継体天皇（丁未《ていび》：五二七年）、安閑天皇《あんかんてんのう》

（乙卯《いつぼう》：五三五年）……と付記は続きます。それに対する考察はあいまいなまま残されています。

もちろん、そちらを主論点とすれば、仲哀朝～仁徳朝における復元紀年と『古事記』崩年干支の親縁性云々という話ではなくなるでしょうから仕方ありませんが、起点を四五四年としたところに笠井氏の予断がみえてくると思います。

結局、日の目をみることのなかった笠井説ですが、本書で提示する説も根本的な方法論の部分では同じです。しかし、『古事記』崩年干支の正当性を追求するなどの目的はありません。

いったん、笠井説で否定された方法論という認識が定着しているのだとすれば残念ですが、令和の時代の新しい紀年論へのアプローチ法として提示してみたいと思います。

目的は、ひたすら日本古代史の真実を知りたいという一点のみです。

20 21 // 47 48 49 // 58 59 60 61 62 63 64 65 66 67 68

「無事績年」とは

では、筆者の考える新しい紀年復元法について述べていきます。

改めてその紀年復元法の名称ですが、「『原日本紀《げんにほんぎ》』仮説による無事績年削除短縮法」と名付けました（略称：無事績年削除法）。

あわせて、従来の用語とバッティングしないようにふたつの造語を行いました。「原日本紀」と「無事績年《むじせきねん》」です。その用語説明から始めます。

まず「無事績年」です。

無事績年をひと言でいいますと、「『日本書紀』の歴代天皇紀において何の事績も出来事も記されていない年」のことです。先学笠井倭人氏の述べる「空白年次」と同義です。

第一〇代崇神天皇紀を例にとって、具体的に説明しましょう。

崇神天皇の治世は六八年間とされます。「即位後六八年の一二月五日に一二〇歳で崩御された」と記されています。ちなみに、『日本書紀』

図表2-1　無事績年削除による復元例(崇神天皇紀)

復元前(『日本書紀』崇神天皇紀) ※白地が無事績年

1	2	3	4	5	6	7	8	9	10	11	12	13	14	15	16	17	18	19

無事績年削除

1	3	4	5	6	7	8	9	10	11	12	17	48	60	62	65	68

復元後

1	2	3	4	5	6	7	8	9	10	11	12	13	14	15	16	17

の設定する崇神天皇の治世を西暦に換算しますと、紀元前九七年から紀元前三〇年となっています。

しかし、崇神天皇紀はこの六八年間に毎年記事を綴っているわけではありません。記事のある治世年次を列挙しますと、一・三・四・五・六・七・八・九・一〇・一一・一二・一七・四八・六〇・六二・六五・六八の一七年分となります。

治世六八年から記事のある一七年を引いた五一年分は、何も記されることのない空白の年です。治世一七年から四八年まで、じつに約三〇年間におよぶ空白も存在します。

この空白の年を「無事績年」と名付けました。「崇神天皇紀には五一年の無事績年がある」ということになります。

そして、無事績年を削除すると崇神天皇紀は図表2―1のように復元できます。

『原日本紀』とは

『日本書紀』は、天武天皇治世一〇年（六八一年）三月一七日の国史編纂《へんさん》の詔《みことのり》に始まったと『日本書紀』自体に記されています。しかし、完成まで三九年という月日が流れます。

『続日本紀《しょくにほんぎ》』が「舎人親王が編纂にあたっていた日本紀が完成して、紀三〇巻と系図一巻を奏上した」と記すのは、元正天皇《げんしょうてんのう》の養老四年（七二〇年）五月二一日のことです。ここに出てくる「日本紀」が『日本書紀』のことであると考えられています。

『原日本紀』は、編纂開始から完成にいたる過程の初期に存在したと想定する史書です。『続日本紀』が七二〇年に完成したとする「日本紀」の前段階に位置づけられる史書という意味で、『原日本紀』と名付けました。

特徴として、初代天皇から天武天皇即位までを一年の欠落もない編年体で記した史書であったと考えています。

ここでひと言説明を加えますと、完結を天武天皇即位と想定したのは、天武天皇は自身の在位中に完成することを求めたでしょうし、前天皇である弘文天皇《こうぶんてんのう》を死に追いやって皇位を簒奪したという汚名を日本の歴史に残したくなかったはずだと考えたからです。崩御する前に、後世に伝わっていく日本の歴史のなかで自身が正当に即位する姿を確かめておきたかったはずなのです。

そもそも筆者が『原日本紀』を発想したのは、国史編纂にあたって多くの氏族から集められた「帝紀《ていき》（現存しないが、一般的に天皇の系譜や治世伝承をまとめたと考えられている先行史書）」や「旧辞《きゅうじ》（これも現存しないが、一般的に神話や説話をまとめたと考えられている先行史書）」、寺社の縁起《えんぎ》、中国・朝鮮半島史書などという雑多な記録を、一足飛びに現在わたしたちが目にする『日本書紀』に仕上げることは不可能だろうと考えたからです。

『日本書紀』は、神武天皇の即位を紀元前六六〇年とするような極端な紀年延長を行っています。コンピュータなど文明の利器もまだない時代です。その長く引き延ばされた期間に直接歴代天皇の治世を配し、その記事内容や登場人物の系譜に整合性をとることはできないだろうと思ったのです。

それで、少なくとも実年代にそってまとめられた、紀年延長を施される前の史書が存在したのではないかと推測したわけです。

この『原日本紀』は天武天皇の治世にほぼ完成していたと考えています。

しかし、おそらく天武天皇の崩御が原因となり、『原日本紀』がその形のまま進上されることはありませんでした。そして、編纂方針の変更により『原日本紀』に紀年延長や氏族の始祖伝承の挿入などの改変が加えられて『日本書紀』が完成していったと推察します。その論拠や経緯は後述します。

無事績年の実態〈第一期無事績年と第二期無事績年〉

では、『日本書紀』の歴代天皇紀に、どれほどの無事績年があるのかをみていきましょう。

治世に無事績年が存在する天皇は第二九代欽明天皇《きんめいてんのう》までです。

厳密にいいますと、第三三代推古天皇《すいこてんのう》の治世にも一年だけ無事績年があります。治世三〇年が無事績年になっています。

筆者はこの一年の扱いに非常に悩みました。一年とはいえ、例外を認めることは説の破綻に繋がるのではないかと危惧しました。

じつは、この推古天皇三〇年（六二二年）は聖徳太子《しょうとくたいし》の真の薨去《こうきょ》年だと考えられている年です。

『日本書紀』では聖徳太子が薨去されるのは推古天皇二九年（六二一年）です。しかし、法隆寺金堂の釈迦《しゃか》三尊像《さんぞんぞう》の光背に書かれた銘文などから、推古天皇三〇年（六二二年）に薨去されたことがほぼ確実視されています。

そのような重要な年が無事績年のはずがありません。また、六二二年というとすでに歴史時代といってもよさそうな時代です。そのような年代に一年だけ無事績年を設けて紀年を延長する意味はないでしょう。

『日本書紀』は、聖徳太子の二月五日の薨去を耳にした高麗《こま》の僧慧慈《えじ》が大いに悲しみ「私は来年の二月五日に必ず死ぬだろう。浄土で太子にお会いしてともに衆生を教え導こう」といったという記事を載せています。そして、その言葉通り慧慈が翌年の二月五日に死んだという記事を続けています。

図表2-2　歴代天皇紀の無事績年一覧

	天皇	即位年	治世	無事績年
1	神武天皇	前660	76	70
2	綏靖天皇	前581	33	28
3	安寧天皇	前548	38	33
4	懿徳天皇	前510	34	30
5	孝昭天皇	前475	83	79
6	孝安天皇	前392	102	96
7	孝霊天皇	前290	76	72
8	孝元天皇	前214	57	51
9	開化天皇	前157	60	55
10	崇神天皇	前97	68	51
11	垂仁天皇	前29	99	77
12	景行天皇	71	60	36
13	成務天皇	131	60	53
14	仲哀天皇	192	9	5
	神功皇后	201	(69)	48
15	応神天皇	270	41	18
16	仁徳天皇	313	87	58
17	履中天皇	400	6	—
18	反正天皇	406	5	3
19	允恭天皇	412	42	28
20	安康天皇	454	3	—

	天皇	即位年	治世	無事績年
21	雄略天皇	457	23	—
22	清寧天皇	480	5	—
23	顕宗天皇	485	3	—
24	仁賢天皇	488	11	2
25	武烈天皇	499	8	—
26	継体天皇	507	25	7
27	安閑天皇	534	2	(2)
28	宣化天皇	536	4	1
29	欽明天皇	540	32	7
30	敏達天皇	572	14	—
31	用明天皇	586	2	—
32	崇峻天皇	588	5	—
33	推古天皇	593	36	(1)
34	舒明天皇	629	13	—
35	皇極天皇	642	4譲位	—
36	孝徳天皇	648	5	—
37	斉明天皇	655	7重祚	—
38	天智天皇	662	10	—
39	弘文天皇	(672)	(0)	—
40	天武天皇	673	15	—
41	持統天皇	690	11譲位	—

そのような年をまたいだ記事の混乱によって推古天皇三〇年が脱落した可能性を考えて、この一年を例外として削除短縮しませんでした。

この一年については、のちの考察によって、『日本書紀』の巻一四（雄略天皇紀）以降の無事績年が純粋な紀年延長のために生じたものではないことが明白になりましたので、正しい判断だったということになります。その詳細も後述します。

さて、欽明天皇紀までの無事績年を数えますと図表２‐２のようになります。

初期天皇の治世にはじつに大量の無事績年があることがわかります。

第一章の冒頭でも触れましたが、「この天皇以前の治世が延長されている」ということが半ば定説化している第一九代允恭天皇以前の無事績年が顕著です。

神武天皇即位年の紀元前六六〇年から允恭天皇崩御年の四五三年までは一一一三年間という期間がありますが、そのうちじつに九〇〇年近くが無事績年なのです。

これを見れば、紀年延長と無事績年に何らかの関連性があることは明白でしょう。筆者は、紀年延長と干支の関連性を追究するより、無事績年との関連性を追究するほうが妥当ではないかと考えました。

次に、ここに注目してほしいのですが、無事績年にはふたつのグループがあります。ひとつは、いまみた第一九代允恭天皇紀以前の無事績年です。九〇〇年におよぶ大量の無事績年です。筆者は便宜上、それを「第一期無事績年」と名付けました。

そして、「第一期無事績年」挿入（創出）の主要な目的は、各天皇の治世を延長することであり、初代神武天皇の即位年を紀元前六六〇年という遠い昔に位置付けることにあったと考えました。

もうひとつの無事績年グループは、第二四代仁賢天皇《にんけんてんのう》紀から第二九代欽明天皇紀にみられるものです。「第二期無事績年」と名付けました。

「第一期無事績年」と「第二期無事績年」の間には、四名の天皇が存在します。第二〇代安康天皇、第二一代雄略天皇、第二二代清寧天皇《せいねいてんのう》、第二三代顕宗天皇《けんぞうてんのう》です。不思議なことにこの四名の天皇紀には無事績年がありません。すべての年次に事績や出来事が記されているのです。

譬《たと》えれば、「第二期無事績年」は、怒濤《どとう》の「第一期無事績年」がおさまった凪《なぎ》ののちに改めて現れたさざ波という印象になります。

その年数も「第一期無事績年」に比べて非常に中途半端です。五名の天皇の無事績年を合計してもわずか一九年にしかなりません。

ここで説明しておかなければならない箇所がひとつあります。第二七代安閑天皇の欄にカッコ付きで入っている二年です。

第二六代継体天皇崩御（五三一年）から第二八代宣化天皇即位《せんかてんのう》（五三六年）の間に第二七代安閑天皇の治世があるわけですが、その間が不可解な紀年となっているのです。

安閑天皇の即位は継体天皇の崩御と同日（五三一年二月七日）であったと『日本書紀』は記します。『日本書紀』は翌年称元法を採っていますから、本来であれば安閑天皇元年は五三二年（壬子年《じんし》）となるはずです。

しかし、『日本書紀』の記事では安閑天皇の即位は五三四年（甲寅年《こういん》）であり、天皇は治世二年に崩御されます。そして、それを継いで宣化天皇が五三六年（丙辰年《へいしん》）に即位されるという流れになっています。

ここに不可解な二年が生じているのです。おそらくこの二年は紀年操作の不手際によって生じたと筆者は考えていますが、これも無事績年といえる年であり「第二期無事績年」の一九年に含めました。

本書を読み進めてもらえばご理解いただけると思いますが、筆者は、「安閑天皇元年は五三二年であり、治世四年の五三五年に崩御された」というのが真実の紀年だろうと考えています。

この「第二期無事績年」は、「第一期無事績年」とは明らかに性格が異なっています。一九年と約九〇〇年という圧倒的なボリュームの差はもちろんです。しかし、それ以上に注目すべきは、無事績年の発生経緯です。両者は同時に生じたものではなかったのです。後述するように、編纂過程における発生段階が明確に異なっていることが、近年の研究によって証明されているのです。

『原日本紀』仮説による無事績年削除短縮法

筆者は、『日本書紀』の編纂過程において、いったん無事績年のない『原日本紀』が編纂されたのち、それに無事績年を挿入（創出）して『日本書紀』が完成したと考えました。

それは裏返せば、無事績年を機械的に削除していけば、『原日本紀』の紀年が復元できるということになります。

それが、『原日本紀』仮説による無事績年削除短縮法（無事績年削除法）という紀年復元法です。

この方法は非常に単純なものです。よくいえば、客観的な方法です。

空位年の扱いや神功皇后をどう捉えるかなど若干考察が必要な箇所もありますが、その復元にはほぼ恣意的な考察の入り込む余地はありません。

誰が行ってもほぼ同じ結果が得られます。その意味で、明確な再現性も担保されているといえます。

本書では、この無事績年削除法の妥当性を検証していきます。

ただし、ここで明言しておかなければならないのは、『原日本紀』が真に正しい実年代および事象を示すものであると信じているわけではないということです。

なぜなら『原日本紀』には、発起人であり最高決定権者である天武天皇の意向が強く反映されていることは間違いないからです。

しかしながら、七世紀以前の日本について編年体の通史として記述された史書が『日本書紀』しかない現状では、ひとまずその紀年を復元することが、正しく日本の古代史にアプローチする第一歩となるはずだと信じます。

第三章

『日本書紀』の編纂過程を考える

不明な『日本書紀』の編纂経緯

無事績年《むじせきねん》削除法の論拠を述べる前に、この章では『日本書紀』の編纂《へんさん》経緯について概観しておきたいと思います。

現時点までに判明している編纂過程論に合致しない推論は、妥当性に乏しいと判断されてもおかしくないからです。

『日本書紀』が天武天皇の六八一年から元正天皇の七二〇年までの三九年間におよぶ編纂期間において、どのような経緯をたどったのか、具体的な進捗はどのようなものであったのかについては、ほぼ記録がないといってよいでしょう。

わずかに、『日本書紀』持統天皇紀の「十八氏族への墓記《ぼき》進上の詔《みことのり》」と『続日本紀』元明天皇紀の「紀清人《きのきよひと》・三宅藤麻呂《みやけのふじまろ》への国史撰修の詔勅《しょうちょく》」が、関連するものであろうと推察されるのみです。

『日本書紀』持統天皇紀五年八月一三日条
十八の氏（大三輪・雀部《さざきべ》・石上《いそのかみ》・藤原・石川・巨勢《こせ》・膳部《かしわで》・春日・上毛野《かみつけの》・大伴・紀伊・平群《へぐり》・羽田《はた》・阿倍・佐伯・采女《うねめ》・穂積・阿曇《あずみ》）に詔して、その先祖の墓記（先祖の事蹟をのべたものか）を上進させた。（『日本書紀　全現代語訳（下）』〔宇治谷孟訳　講談社学術文庫〕より引用）

『続日本紀』元明天皇紀和銅七年二月一〇日条
従六位上の紀朝臣清人《きのあそんきよひと》と正八位下の三宅臣藤麻呂に詔し、国史（日本書紀か）を撰修させた。（『続日本紀　全現代語訳（上）』〔宇治谷孟訳　講談社学術文庫〕より引用）

しかし近年、『日本書紀』が用いている暦法の研究と、多様な編纂者の特性を分析した区分論の研究によって、ある程度の編纂経緯が明らかにされてきています。

「暦法」研究で解明されたこと

まず、暦法についてです。

『日本書紀』は編年体の史書です。何年の何月何日にどのようなことがあったのかを順を追って記していきます。次に記すのは神武天皇と崇神天皇の即位記事です。

（神武天皇）

辛酉年春正月庚辰朔　天皇即帝位於橿原宮

（崇神天皇）

元年春正月壬午朔甲午　皇太子即天皇位（中略）太歳甲申

ちなみに、『日本書紀』本来の設定にしたがって西暦に変換しますと、神武天皇の「辛酉年《しんゆうねん》春《はる》正月《しょうがつ》庚辰朔《こうしんさく》」は紀元前六六〇年の一月一日と推定でき、崇神天皇の「元年《がんねん》（太歳甲申《たいさいこうしん》）春《はる》正月《しょうがつ》壬午《じんご》朔《さく》甲午《こうご》」は紀元前九七年の一月一三日と推定できます。

※「太歳」は本来、天球上で木星と対称の位置にあると考えられた惑星のことでしたが、木星は約一二年で周回するため、干支《かんし》と結びついて年次を表すようになりました。『日本書紀』は、天皇の元年に「太歳＋干支」を記していますが、神武天皇だけは例外的に即位の七年前の東征出発年に「太歳甲寅」と記されています。

このように、『日本書紀』は事績や出来事の起きた「日」を干支で記していますが、それを求めるには一定の法則に基づいた暦法が必要です。それを用いなければ算出できません。

そこで、『日本書紀』が用いている暦法について江戸時代から研究されていましたが、結論は出ていませんでした。

その状況を打開したのは天文学者の小川清彦氏でした。

小川氏は第二次世界大戦後に発表した「日本書紀の暦日《れきじつ》について」という論文において、『日本書紀』が用いている暦は中国の元嘉暦《げんかれき》と儀鳳暦《ぎほうれき》であることを明らかにしました。

じつは第二次世界大戦中に解明されていましたが、内容が『日本書紀』の真偽にかかわるものでしたから、発表は大戦後になったようです。戦時中は政治的に弾圧される恐れがあったからです。

元嘉暦は、南朝宋の天文学者の何承天《かしょうてん》が作った暦法です。宋の元嘉二二年（四四五年）から梁の天監《てんかん》八年（五〇九年）まで六五年間使われました。

儀鳳暦は、唐の天文学者の李淳風《りじゅんぷう》が作った暦法です。唐の麟徳《りんとく》二年（六六五年）から開元《かいげん》一六年（七二八年）まで七三年間使われました。唐では麟徳暦と呼ばれていました。

小川氏は、『日本書紀』の暦日干支を詳細に分析して、仁徳天皇八七年一〇月から安康天皇三年八月までの間に暦法が振り替わっていることを突き止めました。

そして、おそらく安康天皇紀の元年（四五四年）以後は元嘉暦で推算され、それ以前は儀鳳暦（ただし平朔《へいさく》）で推算されていると推定しました。（図表3-1参照）

※暦で「朔（新月／一日）」を求める方法には「平朔」と「定朔《ていさく》」があります。太陽と月の運行は一定ではなく、それを厳密に補正して求めるのが「定朔」であり、平均値を適用するのが「平朔」です。「平朔」では、新月の日が前後（月の最後の日あるいは二日）にずれる場合があります。儀鳳暦は定朔を用いる暦法です。

しかし、これはとても不思議なことなのです。儀鳳暦の使用開始は六六五年だからで

図表3-1　『日本書紀』の暦日（小川論文の「月朔及閏月異同対照表」）

日本書紀			西紀	儀鳳暦	元嘉暦	大衍暦	備考
太歳	甲寅	11月丙戌	-666	22.964丙戌	23.153丁亥	23.017丁亥	儀鳳暦定朔丁亥
	戊午	6月乙未	-662	31.841乙未	32.030丙申	31.894乙未	
		8月甲午	〃	30.902甲午	31.091乙未	30.955甲午	
		10月癸巳	〃	29.963癸巳	30.152甲午	30.017甲午	
神武	元年	正月庚辰	-659	16.820庚辰	17.007辛巳	16.873庚辰	儀鳳暦定朔庚辰
	4年	2月壬戌	-656	58.983壬戌	59.169癸亥	59.036癸亥	
	42年	正月壬子	-618	48.833壬子	49.013癸丑	48.883壬子	
	77年	9月乙卯	-583	51.826乙卯	52.001丙辰	51.874乙卯	
安寧	3年	正月戊寅	-545	14.962戊寅	15.132己卯	15.008己卯	
懿徳	2年	2月癸卯	-508	39.975癸卯	40.140甲辰	40.019甲辰	
孝安	38年	8月丙子	-354	12.946丙子	13.086丁丑	12.981丙子	
崇神	9年	3月甲子	- 88	0.957甲子	1.059乙丑	0.976甲子	
	10年	7月丙戌	- 87	22.977丙戌	23.080丁亥	22.996丙戌	
	29年	正月己亥	- 68	35.954己亥	36.053庚子	35.971己亥	
垂仁	15年	2月乙卯	- 14	51.923乙卯	52.013丙辰	51.937乙卯	
	23年	10月乙丑	- 6	閏　10月乙丑	閏　10月乙丑	閏9月、10月乙丑	
景行	12年	9月甲子	82	0.987甲子	1.066乙丑	0.994甲子	
成務	2年	11月癸酉	132	9.957癸酉	10.026甲戌	9.962癸酉	
仲哀	元年閏	11月乙卯	192	閏　11月乙卯	閏　12月甲申	閏　11月乙卯	
〃	9年	3月壬申	200	8.944壬申	9.005癸酉	8.925壬申	
仁徳	87年	10月癸未	399	19.988癸未	20.020甲申	19.977癸未	
履中	5年	9月乙酉	404	閏　9月乙酉	閏　9月乙酉	閏　9月乙酉	儀鳳暦定朔モ閏9月乙酉
安康	3年	8月甲申	456	19.998癸未	20.023甲申	19.983癸未	
雄略	4年	8月辛卯	460	26.997庚寅	27.020辛卯	26.982庚寅	
清寧	4年閏	5月	483	閏　6月戊申	閏　5月戊寅	閏　6月戊申	
安閑	元年閏	12月己卯	534	閏　12月己卯	閏　12月己卯	閏　12月戊寅	
欽明	9年閏	7月庚申	548	閏　7月庚申	閏　7月庚申	閏　7月庚申	
	31年	3月甲申	570	3月甲申	3月甲申	3月甲申閏3月甲寅	
		4月甲申	〃	閏　4月甲申	閏　4月甲申	4月癸未	
敏達	10年閏	2月	581	閏　2月辛巳	閏　2月辛巳	閏　2月辛巳	
推古	10年閏	10月乙亥	602	閏　10月乙亥	閏　10月乙亥	閏　10月乙亥	
舒明	2年	正月丁卯	630	閏　正月丁卯	正月丁卯	閏　正月丁卯	春海暦ⅡヲⅢニ改暦スル
皇極	2年(閏7月戊寅)8月	戊申	643	8月戊寅閏 8月戊申	閏　7月戊寅 8月戊申	8月戊寅 閏　8月戊申	
大化	5年	5月	649	40.941甲辰	40.935甲辰	40.914甲辰	春海Ⅲモ40.932甲辰
天智	6年閏	11月丁亥	667	12月丁亥 (閏12月丙辰)	閏　11月丁亥	12月丁亥 (閏正月丙戌)	

※小川清彦「日本書紀の暦日について」斉藤国治編著『小川清彦著作集　古天文・暦日の研究―天文学で解く歴史の謎―』皓星社〔1997〕より引用のうえ改変

す。儀鳳暦がまだ存在もしていない時代の出来事が、儀鳳暦にしたがって記されているのです。

この儀鳳暦がいつ日本に伝わったのかは不明ですが、使用が始まるのは持統天皇の治世です。

持統天皇紀四年（六九〇年）一一月条に、元嘉暦と儀鳳暦を併用するという記事がみられます。その後、文武天皇の即位（六九七年）とともに儀鳳暦に統一されたと考えられています。

つまり、『日本書紀』が編纂されている時期に、日本の暦法は元嘉暦から併用期間を経て儀鳳暦へ移行しているです。

以上のことから、必然的に安康天皇元年以前の暦日は、八世紀の『日本書紀』編纂者たちが儀鳳暦（ただし平朔）を用いて推算したものであろう、いい換えれば偽作・創作であるという結論が導かれました。

ただし、「日本書紀の暦日について」は難解な論文で、小川氏の結論を正しく読み取ることが筆者には難しいので、正確を期するため小川氏晩年の未発表論文「日本書紀の暦日の正体」冒頭に記されている結論らしき一文を引用しておきます。

日本書紀の暦日については（中略）それが支那暦による後世の推察であって、神武紀から西紀５世紀始め頃（履中乃至允恭紀）に至る約１１００年間の分は儀鳳暦平朔で決めたものであり、その後持統朝に至る約２５０年間は元嘉暦であり、その方は前半は推察であろうが、後半は百済の暦日を借用せしものと断ずるのが、もっとも妥当なる科学的解釈であることを承認せざるを得ないであろう。（「日本書紀の暦日の正体」より引用）

一方の元嘉暦は、いつから日本で使用されていたのでしょうか。

欽明天皇の治世（五四〇年～五七一年）に百済から伝わったという説も有力です。小川氏の論考でも元嘉暦の前半は推察であろうと判断されています。

しかし、宋で元嘉暦が使われ始めた四四五年は、まさに倭の五王が宋に遣使朝貢していた時代です。四二一年に倭王讃《さん》が遣使朝貢しますが、おそらくその時点から宋の冊封体制下に入ったものと考えられます。

その後、四二五年、四三〇年、四三八年、四四三年、四五一年、四六〇年、四六二年、四七七年、四七八年に遣使したことが『宋書』に記されています（四五一年、四六二年は遣使していない可能性あり）。

冊封国になった倭国には宋と同じ時間軸が求められたはずです。それは同じ暦を用いるということに繋がります。

そうであれば、元嘉暦の使用開始からまもない五世紀半ば頃には宋から直接日本に伝わっていた可能性も考えてよいのではないかと思います。

倭の五王の最後の王である武《ぶ》が朝貢した直後の四七九年に宋が滅亡します。そこでいったん中国王朝との交渉は途絶えたと考えられますが、倭国内で暦の使用が続いていたとすれば、その時期の出来事も比較的正しく記録されていたと考えることもできます。

「区分論」研究で解明されたこと

次に区分論です。

『日本書紀』の三九年におよぶ編纂の経緯は不明ですが、期間も長く、三〇巻という大著です。多くの人々が撰述に携わったことは間違いありません。

区分論は、『日本書紀』に用いられている語句や音韻を詳細に調べ上げて、『日本書紀』三〇巻をいくつかのグループに分類しようとするものです。

現在、最も支持され有力視されているのは、森博達《もりひろみち》氏の研究だと思われます。『日本書紀』に関心があれば、誰でも一度は耳にしたことがあるはずです。α群・β群に分類

図表3-2　森博達氏による分類

巻	内容	群
1	神代 上	β
2	神代 下	β
3	神武	β
4	綏靖～開化	β
5	崇神	β
6	垂仁	β
7	景行・成務	β
8	仲哀	β
9	神功	β
10	応神	β
11	仁徳	β
12	履中・反正	β
13	允恭・安康	β
14	雄略	α
15	清寧・顕宗・仁賢	α
16	武烈	α
17	継体	α
18	安閑・宣化	α
19	欽明	α
20	敏達	α
21	用明・崇峻	α
22	推古	β
23	舒明	β
24	皇極	α
25	孝徳	α
26	斉明	α
27	天智	α
28	天武 上	β
29	天武 下	β
30	持統	

するものです。

森氏は、万葉仮名の用法に注目され、音韻学、文章論、編修論を経て、『日本書紀』三〇巻を図表3-2のように分類しました。α群、β群、巻三〇の三つに分けられています。

そして、次のような結論を導き出しました。「『日本書紀』区分論と記事の虚実」（『季刊邪馬台国一三八号』）、『日本書紀の謎を解く』（中公新書）から引用・要約します。
●α群である巻一四（雄略紀）から巻二一（用明・崇峻《すしゅん》紀）と、巻二四（皇極紀）から巻二七（天智《てんじ》紀）は、持統朝に中国からの渡来人である続守言《しょくしゅげん》と薩弘恪《さっこうかく》が、正音（中国原音である唐代北方音）・正格漢文（純粋な漢文）で述作した。
●β群である巻一（神代上）から巻一三（允恭・安康紀）までと、巻二二（推古紀）・巻二三（舒明紀）、および巻二八・巻二九（天武紀）は、文武朝以降に日本人である山田史御方《やまだのふひとみかた》が倭音・和化漢文で述作した。つまり、漢文を正音で直読できない御方が、倭習（日本人の漢文にみられる誤用や特殊な表現）の多い和化漢文で述作した。

●α群とβ群が述作された前後関係については、安康天皇の暗殺記事が巻一四（雄略紀）に詳しく記載され、本来記載されるべき巻一三（安康紀）では「辞具在大泊瀬天皇紀（雄略紀に詳しく載せられている）」というひと言で済ませていることから、α群が先行する。

●元明朝の和銅七年（七一四年）に国史撰修の詔を受け、紀《きの》朝臣《あそん》清人《きよひと》が巻三〇を述作し、三宅《みやけ》臣《のおみ》藤麻呂《ふじまろ》がα・β両群に潤色・加筆した。その際、清人の述作は倭習が少なかったが、藤麻呂の加筆には倭習が目立つ。

すなわち、森氏の結論にしたがえば、『日本書紀』は持統天皇朝（六九〇年～六九七年）にまずα群が先行して仕上がり、次に文武天皇朝（六九七年～七〇七年）以降にβ群が仕上がっていき、最後に巻三〇の追加とともに二九巻全体に潤色・加筆がなされて完成したということになります。

ただし、筆者は、持統天皇朝以降におけるα群およびβ群の撰述・完成以前の、天武天皇朝における述作があったものと推測しています。

それに関する森氏の見解はいまのところ知りえていませんが、筆者は天武天皇朝に編纂されていた史書を原本として、持統天皇朝でα群が完成し、文武天皇朝以降にβ群が完成していったという想定をしています。そして、その史書こそが『原日本紀』であると考えています。

『日本書紀』は天武天皇が治世一〇年に川嶋皇子《かわしまのみこ》ら一二人に帝紀と上古の諸事を記し定めるように命じたという記事に続けて、「大嶋・子首　親執筆以録焉（大嶋と子首がみずから筆をとって採録した）」と明記しています。すなわち、資料の収集に多少の時間が必要だったとしても、速やかに中臣連大嶋《なかとみのむらじおおしま》と平群臣子首《へぐりのおみこびと》が述作を開始したことは明らかだと思われるのです。

そこで、天武天皇朝における編纂成果のうえに、持統天皇朝以降の述作がなされて順次完了していったとみるのが妥当であろうと考えます。

持統天皇五年（六九一年）八月一三日に先にみた一八氏族への墓記上進の詔が発せられますが、その翌月の九月四日には「音博士《こえのはかせ》の大唐《もろこし》の続守言と薩弘格におのおの銀二〇両を賜った」という記事がみられます。このふたりは森博達氏がα群の述作者として特定されている人物です。

さらに、その五日後の九月九日には、天武天皇の国史編纂の詔で筆頭に名前の挙がっている川嶋皇子の薨去が記されています。

『日本書紀』編纂にまつわる象徴的な記事の連続とみることができます。この時期に当初の国史編纂方針に変更があり、新たな体制で編纂が開始、あるいは進行していたのだと考えてよいのではないでしょうか。

第四章

『原日本紀』編纂の論拠

では、「無事績年削除法」の前提である、無事績年のない『原日本紀』が編纂《へんさん》されたと考える論拠を述べていきます。

1 天武天皇の編纂意図からの推察

『日本書紀』の編纂は、天武天皇一〇年（六八一年）三月一七日に、天皇が川嶋皇子《かわしまのみこ》ら一二名に対して帝紀および上古の諸事を記し定めるよう命じたところから始まったとされます。具体的な人物名も記されています。太安万侶《おおのやすまろ》と稗田阿礼《ひえだのあれ》のふたりによってわずか四ヶ月で完成したとされる『古事記』に比べて、編纂体制には信憑性があるといえるでしょう。

『日本書紀』天武天皇紀一〇年三月一七日条

天皇は大極殿にお出ましになり、川嶋皇子・忍壁皇子《おさかべのみこ》・広瀬王《ひろせのおお》・竹田王《たけだのおおきみ》・桑田王《くわたのおおきみ》・三野王《みののおお》・大錦下上毛野君三千《かみつけののきみみちぢ》・小錦中忌部連首《いんべのむらじおびと》・小錦下阿曇連稲敷《あずみのむらじいなしき》・難波連大形《なにわのむらじおおかた》・大山上中臣連大嶋《なかとみのむらじおおしま》・大山下平群臣《へぐりのおみ》子首《こびと》に詔《しょう》して、帝紀および上古の諸事を記し校定させられた。（『日本書紀　全現代語訳（下）』より引用）

これを国史編纂の詔《みことのり》と捉えると、天武天皇にはどのような目的があったのでしょうか。『日本書紀』には序文がないため明確な編纂方針は不明です。しかし、太安万侶の上表文である『古事記』序文に、天武天皇の詔が引用されています。

『古事記』には偽書説もついてまわりますが、そこに引用する天皇の詔をゼロから創作するとは思えませんし、わざわざ創作してまで挿入するような内容であるとも思えません。その言葉に『日本書紀』編纂目的と通底するものがあると仮定すれば、天武天皇は次のように述べたとされます。

『古事記』序文

「朕《あれ》聞く、『諸家《もろもろのいえ》の賫《も》てる帝紀《すめらみことのふみ》と本辞《もとつことば》と、既に正実《まこと》に違《たが》ひ、多《さは》に虚偽《いつわり》を加ふ』といへり。今の時に当たり、其の失《あやまり》を改めずは、幾年《いくとせ》を経ずして、其の旨滅びなむとす。斯《こ》れ、邦家《くにいえ》の経緯《たてぬき》、王化《みおもぶけ》の鴻基《おおきもとい》なり。故惟《かれこ》れ帝紀《すめらみことのふみ》を撰び録《しる》し、旧辞《ふるきことば》を討《もと》め覈《あなぐ》り、偽りを削り実《まこと》を定め、後葉《のちのよ》に流《つた》へむと欲《おも》ふ」(中村啓信訳注『新版　古事記』角川ソフィア文庫より引用)

(訳)諸家(諸々の皇族・氏族)が持っている帝紀と本辞は、すでに真実とは違っていて、多くの虚偽が加えられているらしい。今その誤りを改めなければ真実は失われてしまう。これは国家の根幹をなし、天皇として教え導く基礎となるものである。そこで、帝紀を選び記し、旧辞を詳しく調べ、偽りを削り真実を定めて、後世に伝えたいと思う。

この序文に一定の信憑性を認めるとすれば、天武天皇が紀年延長を企図していたとは思われません。

天皇が求めているのは、「諸家により生じた誤りを正した、後世に伝える正しい歴史」の編纂であり、かつ「自身の正統性を宣言して天皇の権威を確かなものとする歴史」の編纂です。

もちろん、天武天皇にとって不都合な事象を排除・隠ぺいすることは容易に想像できます。しかし、架空の歴史を創り上げることを望んでいるようには思われません。主眼はあくまでも各家で都合よく改変されて多くの異説が併存する状態になっているものを一本化することにあるように読み取れます。

天皇は、この編纂の詔を出す直前の二月に、飛鳥浄御原律令《あすかきよみはらりつりょう》の編纂に着手するとともに、子の草壁皇子《くさかべのみこ》を皇太子に立てています。自身の王朝の基盤を確立することを急いでいたのです。

国史編纂もその一環として、天皇本人と自身の王朝の正統性を宣言する目的があったことは間違いないでしょう。

すると、四〇年におよぶような長期の編纂は念頭になく、速やかな完成を求めたと推測できます。

実際に、天皇は治世一三年（六八四年）に八色《やくさ》の姓《かばね》、治世一四年（六八五年）に冠位四十八階を矢継ぎ早に制定しています。飛鳥浄御原律令についても、律（刑法に相当）

は不明ながら、令（行政法などに相当）が持統天皇三年（六八九年）に施行されたことを考えると、天武天皇存命中にかなり編纂が進んでいたはずです。

そう考えれば、天武天皇の求めた国史に、天皇の起源を紀元前六六〇年とするような紀年延長は、元来企図されていなかったと判断してよいでしょう。その複雑な編纂作業は速やかな完成への大きな障壁となるからです。

川嶋皇子らのもとで一日も早い完成をめざして、さまざまに食い違う複数の歴史のなかから天皇の認める「正しい歴史」を選び出す一本化作業が急ピッチで進行し、速やかに大嶋と子首の筆録が行われたと想像します。

さて、天武天皇の治世における国史編纂が実年代にそったものであったと推定すれば、大幅な紀年延長はのちの段階に行われたということになります。

それが、前章でみた編纂過程論と合致するのです。

紀年延長操作の結果、九〇〇年におよぶ第一期無事績年を生んだ允恭天皇紀以前の撰述は、文武天皇朝以降に森氏区分論のβ群述作者によって儀鳳暦を用いてなされたことが明らかだからです。

以上のことから、無事績年の有無は留保するとしても、天武天皇朝において作為的に紀年延長されることなく、実年代にそってまとめられた『原日本紀』の編纂作業を想定してよいのではないかと考えます。

2『日本書紀』の記述様式からの推察

次に、『日本書紀』の記述様式をみてみましょう。

『日本書紀』は編年体の史書ですが、基本的に「年次（天皇の治世または元号）」「四季（春夏秋冬）」「月」「日（干支《かんし》で表記）」「記事」という順序で記述していきます。

これは、先にも引用した崇神天皇紀元年の即位記事ですが、その順序になっています。

「元年」「春」「正月」「壬午朔甲午」「皇太子即天皇位」

この記述様式は、中国の史書である『春秋《しゅんじゅう》』と共通するものです。

『春秋』をみてみます。魯《ろ》の君主で『春秋』に最初に記される隠公の二年の記事を例にとります。

「二年」「秋」「八月」「庚辰」「公及戎盟于唐」（二年、秋、八月、庚辰《こうしん》の日、隠公は唐で戎《じゅう》と盟を交わした）

『日本書紀』編纂当時には多くの中国史書が将来していたと思われます。そこから『春秋』の記述様式を選んだのだと思います。

諸家に伝わっていた「帝紀」は現存していないため、どのような様式であったかは不明ですが、『日本書紀』編纂者が編年体を採用すると決めた時点で、手元にあった編年体史書である『春秋』にその記述様式を求めた可能性が高いと考えます。

また、『日本書紀』が『春秋』を意識して編纂されたことは文献からも伺えます。

七五七年に施行された養老令《ようろうりょう》の注釈書である『令集解《りょうのしゅうげ》』には、図書寮《ずしょりょう》の図書頭《ずしょのかみ》の「修撰国史《しゅうせんこくし》」（国史を撰修する）という職掌に次のような注釈が付けられています。

又古記云、国史、当時之事記書名也、如春秋漢書之類、実録事也（『令集解』國書刊行会　国立国会図書館デジタルコレクション所収より引用）

（訳）古記《こき》に云う。「国史」は当時のことを記す書の名である。『春秋』『漢書』の類いのごとき実録のことである。

ここで引用されている「古記」の作者と成立年は不明ですが、七〇二年に施行された「大宝令《たいほうりょう》」の注釈書を指すと考えられています。

そこに、「国史とは『春秋』の類のものである」と記されているのです。図書寮が実際の国史修撰にどこまで関与していたかは不明ですが、少なくとも奈良時代の前期に「国史」という概念があり、それは『春秋』と同類のものであると認識されていたことがわかります。

当然、『春秋』が単なる史書の例示であるという見方もできるでしょう。しかし、ここに『史記』ではなく『春秋』という書名が引用されているのも見逃すことのできない事実なのです。

そして、『日本書紀』が『春秋』を様式の範として用いたのであれば、無事績年が大量に存在することが不可解といえるのです。

『春秋』は二四二年にわたって一年の欠落もなく歴史を綴っています。必ず毎年何らかの事績・出来事を書き連ねているのです。それが、編年体史書の使命といわんばかりにです。無事績年のような空白の年は一年もみられません。

ちなみに、『令集解』に『春秋』と並んで書名を挙げられている『漢書』も、その本紀においては一〇〇年以上の歴史に一年の欠落もみられません。

手本とした『春秋』がそのような様式で書かれている以上、編纂当初の国史（『原日本紀』）はそれに準じた可能性が高いと思います。

すなわち、天武天皇朝における編纂初期には、実年代にそって一年の欠落もない歴史編纂が志向され、筆録が進んでいったと想定できるのではないでしょうか。

3『日本書紀』と『原日本紀』における治世年数の相関関係からの推察

無事績年に第一期無事績年と第二期無事績年があることは先に述べました。それを編纂過程論からみれば、文武天皇朝以降にβ群の述作によって第一期無事績年が生じる前に、第二期無事績年はすでに存在していたということになります。第二期無事績年の存在する仁賢天皇紀（巻一五）から欽明天皇紀（巻一九）はα群として持統天皇朝でいったん完成しているからです。

前後関係がややこしいので繰り返しますが、α群の編纂によりわずか一九年の「第二期」無事績年が先に発生し、そののちにβ群の編纂によって九〇〇年に及ぶ大量の「第一期」無事績年が発生しているのです。

そのことは、文武天皇朝以降の紀年延長操作が允恭天皇崩御年の四五三年あるいは安康天皇崩御年の四五六年を起点として行われたことを意味します。『日本書紀』の巻一三は允恭天皇紀と安康天皇紀を併載しますが、三年間の安康天皇の治世に無事績年はみられないからです。

図表4-1　『原日本紀』と『日本書紀』の治世年数

天皇	『原日本紀』治世年数	『日本書紀』治世年数	
允恭天皇	14	42	3倍に延長
反正天皇	2	5	2.5倍（空位年1年を含む 6年とみれば3倍）に延長
履中天皇	6	6	1倍（延長なし）
仁徳天皇	29	87	3倍に延長
応神天皇	23	41	
仲哀天皇 ※神功皇后含む	21※1	78	
成務天皇	7	60	
景行天皇	24※2	60	2.5倍に延長
垂仁天皇	22	99	4.5倍に延長
崇神天皇	17	68	4倍に延長

※1　「魏志」および「晋起居注」からの引用を除く（後世の追加挿入と推定のため）
※2　治世43年を含む

第二期無事績年の発生原因および経緯については後述するとして、ここでは第一期無事績年について考えます。

大幅に紀年延長されている『日本書紀』の天皇治世年数と、実年代にそっていると考える『原日本紀』の天皇治世年数になんらかの関係性がみられるのかどうかについて検証します。

図表4－1は、『日本書紀』の記す天皇の治世年数と『原日本紀』の治世年数の比較表です。『原日本紀』の治世年数とは、『日本書紀』の治世年数から無事績年を削除した年数ということになります。筆者が実在と考える崇神

天皇以降の天皇についてのデータです。

一〇名の天皇のうち、成務天皇、仲哀天皇、応神天皇を除く七名の天皇に注目してください。右にその倍数を表示しています。

履中天皇は紀年延長されていません（一倍）が、允恭天皇と仁徳天皇はちょうど三倍、崇神天皇はちょうど四倍に延長されています。

もともと二年、三年といった短い治世が整数倍になっているのなら、偶然と考えることもできるでしょう。二の整数倍は四、六、八、一〇、一二……、三の整数倍は六、九、一二、一五、一八……というように、多くの年数が当てはまることになります。

しかし、一四年、二九年、一七年という長い治世の場合はどうでしょう。一〇〇までの数字で考えても、一四の整数倍は二八、四二、五六、七〇、八四、九八の六つ、二九の整数倍は五八、八七のふたつ、一七の整数倍は三四、五一、六八、八五の四つしかありません。任意に選んだ数字がそれに該当する確率は低いと思われますから、意図的に三倍、四倍した可能性が高いと考えてよいのではないでしょうか。

そして、「・5（コンマ5）」「1／2（二分の一）」の概念を認めれば、反正天皇、景行天皇、垂仁天皇もその範疇《はんちゅう》に入ってきます。

『日本書紀』が編纂されていた当時、分数の理解があったかどうかは不明ですが、「二分の一」という概念は確実にあったと断言できます。

それは、中国から陰陽五行説が伝わっていたことが確かだからです。

陰陽五行説は、万物は陰と陽に分けられ、万物は木・火・土・金・水で構成されているという考え方です。当時用いられていた暦の十干十二支の「十干」に用いられています。

甲・乙・丙・丁・戊・己・庚・辛・壬・癸の十干を、木・火・土・金・水を陽（兄：え）と陰（弟：と）に分けることによって割り当てました。甲を木の兄（きのえ）、乙を木の弟（きのと）、丙を火の兄（ひのえ）、丁を火の弟（ひのと）、戊を土の兄（つちのえ）……というようにです。二分割の概念があったのは確実なのです。

反正天皇は『原日本紀』の治世が二年ですから、何年に引き延ばしても該当することにはなります。ただし、反正天皇については、崩御から次の允恭天皇即位までに一年の不可解な空位年がありますからそれを含めると、二年から三倍の六年に引き延ばされたとみることもできます。

しかし、景行天皇は一二四年、垂仁天皇は一二一年という長い治世です。その大きな年数が、それぞれ二・五倍、四・五倍に延長されています。これも単なる偶然にはみえません。

このように、『日本書紀』における七名の天皇の治世は、『原日本紀』の治世年数に二分の一という概念を持った任意の乗数を掛けて引き延ばされていたとみることができます。つまり、『日本書紀』の治世年数と『原日本紀』の治世年数に明らかな因果関係がみいだせるのです。

そして、この因果関係が教えてくれるのは、確実に被乗数があったということです。この場合、被乗数は『原日本紀』の治世年数ということになりますから、それが確実に存在したことの証明になるのです。

では、ここで残る三名の天皇の治世についても考えておきましょう。時代の新しいほうからみれば応神天皇、仲哀天皇、成務天皇という連続した三名の天皇の治世です。

允恭天皇の崩御年である四五三年からさかのぼって治世を確認していきます。

允恭天皇の治世は三倍に引き延ばされ、四一二年から四五三年の四二年間とされました。この治世は倭の五王の讃・珍《ちん》・済《せい》三名の遣使朝貢年をすべてカバーしています。それは、『原日本紀』段階で仁徳天皇の治世がそのように設定されていたことに準じたものだと思われます（後述しますが、一〇一頁の図表5－1参照）。

次に、反正天皇の治世が二年から五年へと引き延ばされました。一年の空位年をはさんでいるので、四〇六年から四一〇年となります。

続く履中天皇の治世は、原因不明ですが六年のまま引き延ばされませんでした。四〇〇年から四〇五年となります。

その前の仁徳天皇の治世は三倍に引き延ばされ、三一三年から三九九年の八七年間となりました。これは、『原日本紀』段階で倭王讃・珍・済をカバーするように二九年という長い治世を与えられていたのに加えて、さらに三倍されたことによってこの長大な治世となったのだと推測します。

さて、この仁徳天皇の前代が応神天皇です。

ここで『日本書紀』編纂者が大いに悩む事態が生じます。

仮に、『原日本紀』の応神天皇の治世一二三年を三倍の六九年とします。すると、治世は二四二年から三一〇年となります（三一一年、三一二年は空位年のため）。

しかし、それでは都合が悪いのです。その年代には卑弥呼と壹与《いよ》を連想させる神功皇后の摂政期間を設定しなければならなかったからです。

なぜ、この年代に神功皇后を創作しなければならなかったのか。

それについては、その経緯から詳細に説明しなければなりませんが、紙幅の関係でそれは別稿にゆずるとして、ここでは結論だけを記します。

それは、三世紀前半の倭国に卑弥呼（および壹与）を連想させる女帝がいなければ、日本が対等の関係を模索している相手国である唐から、日本の正史である『日本書紀』自体の信憑性を疑われかねないからです。

それで、即位することなく長く摂政を務めながら、卑弥呼（および壹与）を連想させる存在として神功皇后が創出されるわけです。

だから、卑弥呼が魏に遣使朝貢した二四三年・二四七年や壹与が西晋に遣使朝貢した二六六年に、応神天皇の治世が食い込むと都合が悪いのです。

仮に、応神天皇の治世延長を二倍の四六年にとどめても、二六六年にかかってしまいます。

そこで、長期間に設定せざるをえなかった神功皇后摂政期間を創出・挿入するために、紀年延長操作によって主に卑弥呼と年代の重なってくる第一四代仲哀天皇とその前後の天皇の治世を総合的に考えたのではないかと推察しました。それは、第一三代成務天皇、第一四代仲哀天皇、第一五代応神天皇という三名の天皇の治世ということになります。『日本書紀』では成務天皇の即位年は一三一年です。そして、応神天皇の崩御年は三一〇年と設定されています。その間は一八〇年です。ちょうど十干十二支の三巡となっているのです。

すなわち、三名の天皇の治世を一八〇年間と設定したうえで、その期間内に新たに創出する神功皇后の摂政期間を追加挿入することを決めたのだと推測します。

ところで、最終的に神功皇后の摂政期間は二〇一年から二六九年とされています。なぜ六九年間なのでしょうか。

二三八年に始まる卑弥呼の魏への一連の遣使朝貢と二六六年の壹与の西晋への遣使朝

貢をカバーしなければならないことは理解できます。しかし、この不自然なまでに長い摂政期間によって、誉田別尊《ほむたわけのみこと》（のちの応神天皇）は皇太子のまま七〇歳になってしまうのです。

じつはこの六九年間というのは、応神天皇の『原日本紀』の治世二三年を三倍した年数と一致します。それが由来の年数であったと考えると謎の年数も腑に落ちるのです。

さて、神功皇后の創作に関しては、このようなアナログ的な操作が推定されますが、この項で改めて確認しておきたいのは、『原日本紀』の天皇治世と『日本書紀』の天皇治世には明らかな因果関係が認められるということです。

そして、それによって『原日本紀』が存在した可能性は限りなく一〇〇パーセントに近づくと考えますが、いかがでしょうか。

4『日本書紀』記事にみる紀年延長の痕跡からの推察

前節で、『原日本紀』の治世年数が任意の乗数を掛けることによって『日本書紀』の治世年数へと延長されていることを検証しました。

では、その痕跡はどこかに残っていないのでしょうか。

無事績年の発生傾向を探ると、治世の序盤に少なく、中盤から後半に多くみられます。それを考えると、必ずしも各天皇紀内で均等に年次が引き延ばされているわけではないことは明らかです。

すると、『原日本紀』の治世年数を何倍かして『日本書紀』の治世年数を決定したのちは、その治世期間内でランダムな年次設定が行われた可能性があります。たとえば、治世一〇年の次に入る事績・出来事を一一年に配するのか、一五年に配するのか、あるいは二〇年に配するのかは、ある程度任意に決められたのではないかということです。

そうであれば、紀年延長の痕跡をみつけるのはとても難しいといえるでしょう。

ところが、現在のところひとつだけ、その痕跡に違いないと思われるものをみつけています。

それは、『原日本紀』の二九年の治世が、『日本書紀』では三倍の八七年へ引き延ばされたと推定した仁徳天皇紀にあります。『日本書紀』のなかでも広く知られている「民のかまど」という一連の説話がそれです。

「民のかまど」は、かまどからの煙が立ち昇っていないことから民の窮乏を知った仁徳天皇が、すぐに一切の課役免除を決めたという、仁徳天皇が「聖帝《ひじりのみかど》」と呼ばれる由来を記した説話です。

その説話自体が、みようによっては三倍に引き延ばされているのです。詳細をみていきましょう。

「民のかまど」の話の流れをまとめると図表4－2のようになります。

仁徳天皇は、治世四年二月に高台《たかどの》から都を見渡し、民の家に炊飯の煙が立っていない様子を目にして、民の窮乏を知ります。

そして、翌三月二一日に「今後三年間、課役を免除する」と詔します。

この仁徳天皇による課役免除期間は、結果的に治世一〇年の一〇月まで続きます。当初約束した三年間から六年間（実質七年間）に大きく延長されるわけです。しかし、不思議なことにその理由は何も語られていません。三年経っても五穀が実らなかったなどの原因があれば納得できますが、後日談では逆に五穀豊穣が続いたと記されています。

三年後の治世七年に、天皇の英断によって豊かになった諸国が納税と宮殿修理を申し

図表4-2 「民のかまど」説話の流れ

治世4年　2月6日

群臣に詔して「高台《たかどの》から都を眺めたが、家から炊飯の煙が立ち昇っていない。五穀が実らず百姓《おおみたから》が窮乏しているのであろう」

3月21日

詔して「これより3年間、すべての課役《えつき》を免除して百姓の苦しみを救おう」。天皇はこの日より着衣や履物は破れるまで替えず、食べ物は腐るまで捨てずに、質素倹約に努められた。宮殿の垣は破れても直さず、屋根の茅は崩れても葺かれなかったので、屋内にいても雨風で着衣が濡れたり、星の光で床がみえるほどであった。
その後、五穀豊穣が続き3年の間に百姓は豊かになり、炊飯の煙もしきりに立ち昇るようになった。

治世5年　無事績年

治世6年　無事績年

治世7年4月1日

天皇が高台から一望されると、家からは盛んに煙が立ち昇っており、皇后に「朕《われ》はもう富んできた。これで心配ない」といわれた。皇后が「宮殿がひどい有様なのに、どうして富んできたといえるのでしょう」と聞くと、天皇は「天が君（天皇）を立てるのは百姓のためである。百姓が貧しいのは自分が貧しいということであり、百姓が富んでくれば自分が富んできたことになるのである」といわれた。

9月

諸国が「課役が免除されて3年になり、宮殿は壊れ倉は空になりました。すでに民は豊かになり家には蓄えがあります。いま税を払い、宮殿を修理しなければ天罰が下ります」と申し出た。しかし、天皇は課役免除を続けられた。

治世8年　無事績年

治世9年　無事績年

治世10年10月

ついに課役を命じて宮殿を造られた。百姓は老いも若きもすすんで木材を運び土かごを背負った。昼夜を問わずに造ったのでまもなく宮殿は完成した。このような経緯があったので、（仁徳天皇は）いまに至るまで「聖帝」と褒め称えられているのである。

出た際の対応も不自然です。天皇はその申し出を断り、あくまでも課役免除を継続するのです。

そして、そのさらに三年後の治世一〇年に突如労役を課して宮殿を再建するという不可解な文脈となっています。

この文脈のままでも十分に美談だと考える方もいらっしゃるかもしれません。

ところが、この「民のかまど」は無事績年を削除することによって正しい文脈の美談に復元することができるのです。

図表4－2のように、説話のなかで治世五年、六年、八年、九年には何も記されません。説話に関すること以外の事績や出来事も何も記されていません。つまり、無事績年となっています。それを削除して、便宜上治世四年を「当年」とすれば、七年は「翌年」、一〇年は「翌々年」ということになります。

説話に出てくる課役免除ですが、炊飯の煙を見て決められたことですから、穀物の税が前提となります。

そして、治世四年三月の後日談に語られる「三年の間」ですが、原文では「三稔《みとせ》之《の》間《かん》」という文字が用いられています。「穀物が三回稔る間」を意味します。つまり、当年秋の穀物による納税免除を一回目、翌年秋の免除を二回目、翌々年秋の免除を三回目と数えることができるのです。

すると、天皇は約束通り三回の免除を果たしたのち、冬十月に労役を課して宮殿を再建したという文脈に復元することができるのです。

翌年秋の不可解な記事も次のように読み解くことができるようになります。豊かになってきた諸国が天皇の約束した三年よりも早く納税と労役を申し出ますが、天皇は約束通り三年間の免除を継続します。自身の宮殿はひどい有様なのに民を思って約束を守るわけです。これこそが美談であり聖帝にふさわしい文脈であるといえるのです。

もちろんこの説話自体が創作である可能性は排除できません。しかし、紀年延長にともなう無事績年挿入（創出）によって文脈が歪められる前の、本来の叙述はこのようだったと推定すれば合理的に読み解けるのです。

このように、仁徳天皇紀「民のかまど」説話は、この部分に限ってはという条件は付きますが、二年ずつの無事績年を挿入することによって三倍に引き延ばされているとみることができるのです。

この紀年延長が、仁徳天皇紀が『原日本紀』の二九年の治世から『日本書紀』の八七年の治世へと三倍される過程で生じたと考えれば、無事績年のない『原日本紀』が存在した痕跡と考えてもよいのではないでしょうか。


以上四つの視点から『原日本紀』編纂の可能性を探ってきました。

それらの考察結果から、筆者は天武天皇朝において無事績年のない『原日本紀』の編纂が進んだ可能性は非常に高いと考えます。

その『原日本紀』は進上されて日の目を見ることはありませんでしたが、ほぼ完成していたのではないかとも推測します。

国史編纂の主資料となったのは、諸家に伝わった帝紀だと思われます。そこに、さまざまな相違が生じていたとしても、基本的にはどれも紀年延長操作などの施されていない現実の年代観にそった記録・伝承であったと考えられます。

そうであれば、それを一本化する作業はさほど困難だとは思われないからです。ただし、後述するように、『原日本紀』編纂段階でも一定の改変は行われたと推測しています。

第五章　『原日本紀』の年代観

復元紀年表を作成する

では、具体的に『原日本紀』の年代観を復元してみましょう。

図表5－1は、欽明天皇崩御の五七一年を起点として、応神天皇即位までさかのぼって無事績年を削除した年表です。

本書での復元年表を応神天皇即位年でひとまず区切っているのは、応神天皇即位前に摂政を務めていた神功皇后については別途詳細な考察が必要となるためです。それ以前の復元年表については稿を改めたいと思います。

なお、図表5－1の年表作成にあたっては、ふたつの空位年の扱いを判断しなければなりませんでした。応神天皇崩御から仁徳天皇即位の間の空位年と、反正天皇崩御から允恭天皇即位の間の空位年です。

(一)応神天皇・仁徳天皇間の空位年

応神天皇は治世四一年二月一五日に一一〇歳で崩御されたと記されます。

図表5-1 「原日本紀年表」(応神天皇〜欽明天皇)

「原日本紀」復元紀年			『日本書紀』紀年
西暦	天皇	治世	
396	応神	1	応神 1
397	応神	2	応神 2
398	応神	3	応神 3
399	応神	4	応神 5
400	応神	5	応神 6
401	応神	6	応神 7
402	応神	7	応神 8
403	応神	8	応神 9
404	応神	9	応神 11
405	応神	10	応神 13
406	応神	11	応神 14
407	応神	12	応神 15
408	応神	13	応神 16
409	応神	14	応神 19
410	応神	15	応神 20
411	応神	16	応神 22
412	応神	17	応神 25
413	応神	18	応神 28
414	応神	19	応神 31
415	応神	20	応神 37
416	応神	21	応神 39
417	応神	22	応神 40
418	応神	23	応神 41
419	空位		空位
420	空位		空位
421	空位		空位
422	仁徳	1	仁徳 1
423	仁徳	2	仁徳 2
424	仁徳	3	仁徳 4
425	仁徳	4	仁徳 7
426	仁徳	5	仁徳 10
427	仁徳	6	仁徳 11
428	仁徳	7	仁徳 12
429	仁徳	8	仁徳 13
430	仁徳	9	仁徳 14
431	仁徳	10	仁徳 16
432	仁徳	11	仁徳 17
433	仁徳	12	仁徳 22
434	仁徳	13	仁徳 30
435	仁徳	14	仁徳 31
436	仁徳	15	仁徳 35
437	仁徳	16	仁徳 37
438	仁徳	17	仁徳 38
439	仁徳	18	仁徳 40
440	仁徳	19	仁徳 41
441	仁徳	20	仁徳 43
442	仁徳	21	仁徳 50
443	仁徳	22	仁徳 53
444	仁徳	23	仁徳 55
445	仁徳	24	仁徳 58
446	仁徳	25	仁徳 60
447	仁徳	26	仁徳 62
448	仁徳	27	仁徳 65
449	仁徳	28	仁徳 67
450	仁徳	29	仁徳 87
451	履中	1	履中 1
452	履中	2	履中 2
453	履中	3	履中 3
454	履中	4	履中 4
455	履中	5	履中 5
456	履中	6	履中 6
457	反正	1	反正 1
458	反正	2	反正 5
459	允恭	1	允恭 1
460	允恭	2	允恭 2
461	允恭	3	允恭 3
462	允恭	4	允恭 4
463	允恭	5	允恭 5
464	允恭	6	允恭 7
465	允恭	7	允恭 8
466	允恭	8	允恭 9
467	允恭	9	允恭 10
468	允恭	10	允恭 11
469	允恭	11	允恭 14
470	允恭	12	允恭 23
471	允恭	13	允恭 24
472	允恭	14	允恭 42
473	安康	1	安康 1
474	安康	2	安康 2
475	安康	3	安康 3
476	雄略	1	雄略 1
477	雄略	2	雄略 2
478	雄略	3	雄略 3
479	雄略	4	雄略 4
480	雄略	5	雄略 5
481	雄略	6	雄略 6
482	雄略	7	雄略 7
483	雄略	8	雄略 8
484	雄略	9	雄略 9
485	雄略	10	雄略 10
486	雄略	11	雄略 11
487	雄略	12	雄略 12
488	雄略	13	雄略 13
489	雄略	14	雄略 14
490	雄略	15	雄略 15
491	雄略	16	雄略 16
492	雄略	17	雄略 17
493	雄略	18	雄略 18
494	雄略	19	雄略 19
495	雄略	20	雄略 20
496	雄略	21	雄略 21
497	雄略	22	雄略 22
498	雄略	23	雄略 23
499	清寧	1	清寧 1
500	清寧	2	清寧 2
501	清寧	3	清寧 3
502	清寧	4	清寧 4
503	清寧	5	清寧 5
504	顕宗	1	顕宗 1
505	顕宗	2	顕宗 2
506	顕宗	3	顕宗 3
507	仁賢	1	仁賢 1
508	仁賢	2	仁賢 2
509	仁賢	3	仁賢 3
510	仁賢	4	仁賢 4
511	仁賢	5	仁賢 5
512	仁賢	6	仁賢 6
513	仁賢	7	仁賢 7
514	仁賢	8	仁賢 8
515	仁賢	9	仁賢 11
516	武烈	1	武烈 1
517	武烈	2	武烈 2
518	武烈	3	武烈 3
519	武烈	4	武烈 4
520	武烈	5	武烈 5
521	武烈	6	武烈 6
522	武烈	7	武烈 7
523	武烈	8	武烈 8
524	継体	1	継体 1
525	継体	2	継体 2
526	継体	3	継体 3
527	継体	4	継体 5
528	継体	5	継体 6
529	継体	6	継体 7
530	継体	7	継体 8
531	継体	8	継体 9
532	継体	9	継体 10
533	継体	10	継体 12
534	継体	11	継体 17
535	継体	12	継体 18
536	継体	13	継体 20
537	継体	14	継体 21
538	継体	15	継体 22
539	継体	16	継体 23
540	継体	17	継体 24
541	継体	18	継体 25
542	安閑	1	安閑 1
543	安閑	2	安閑 2
544	宣化	1	宣化 1
545	宣化	2	宣化 2
546	宣化	3	宣化 4
547	欽明	1	欽明 1
548	欽明	2	欽明 2
549	欽明	3	欽明 4
550	欽明	4	欽明 5
551	欽明	5	欽明 6
552	欽明	6	欽明 7
553	欽明	7	欽明 8
554	欽明	8	欽明 9
555	欽明	9	欽明 10
556	欽明	10	欽明 11
557	欽明	11	欽明 12
558	欽明	12	欽明 13
559	欽明	13	欽明 14
560	欽明	14	欽明 15
561	欽明	15	欽明 16
562	欽明	16	欽明 17
563	欽明	17	欽明 18
564	欽明	18	欽明 21
565	欽明	19	欽明 22
566	欽明	20	欽明 23
567	欽明	21	欽明 26
568	欽明	22	欽明 28
569	欽明	23	欽明 30
570	欽明	24	欽明 31
571	欽明	25	欽明 32

『日本書紀』によれば、応神天皇は崩御前年の治世四〇年に、菟道稚郎子《うじのわきいらつこ》を後嗣《こうし》と決め、大鷦鷯尊《おおさざきのみこと》（のちの仁徳天皇）をその補佐と決めます。

しかし、応神天皇崩御後にふたりが皇位を譲りあうという不可解な事態が生じます。そして、それは三年の時を経て菟道稚郎子が自殺をして仁徳天皇が即位することによって終結します。その間が空位年となっているのです。

仁徳天皇元年の太歳は癸酉《きゆう》です。一方、応神天皇崩御年（治世四一年）を即位年の太歳である庚寅《こういん》から導けば庚午《こうご》となります。

干支《かんし》は庚午→辛未《しんび》→壬申《じんしん》→癸酉と進みますから、空位年は二年ということになります。

しかし、『日本書紀』の記事は、「爰皇位空之　既経三載（皇位が空いてすでに三年が経った）」としたあとに「海人《あま》が鮮魚の苞苴《おおにえ》を献上しようとするが二人とも受け取らず、菟道稚郎子の宇治と大鷦鷯尊の難波の間を行き来する間に腐ってしまったので棄てて泣いた」という話を経て、菟道稚郎子の自死を記します。そして、仁徳天皇の即位はその翌年の一月三日となっています。

この経緯を考慮すると、空位は三年とみなければなりません。

　この年代の干支は文武天皇朝以降の偽作という前提に立てば、記事内容を重視することが上策と判断して、空位を三年としました。

㈡反正天皇・允恭天皇間の空位年

　反正天皇は治世五年の一月二三日に崩御されます。

　同母弟である雄朝津間《おあさづま》稚子宿禰皇子《わくごのすくねのみこ》（のちの允恭天皇）が次期天皇に推挙されますが、病などを理由に即位を固辞します。

　しかし、結局は群臣やのちに皇后となる忍坂大中姫命《おしさかのおおなかつひめのみこと》の熱意にほだされて即位を受け入れます。それは治世元年の一二月のこととされ、その太歳は壬子《じんし》だと記されます。

　一方、反正天皇の崩御年を治世元年の太歳丙午《へいご》から導くと庚戌《こうじゅつ》となります。

　干支は庚戌→辛亥《しんがい》→壬子と進みますから、辛亥年が空位年と考えられます。

　しかし、『日本書紀』の記事では、群臣と忍坂大中姫命の説得が綴られるだけで、その期間は定かではありません。

　一二月に即位された年が元年とされていますから、反正天皇が一月に崩御された年でないことは確実です。『日本書紀』は翌年称元法を採用していますから、前天皇の崩御年が新天皇の元年となることはないからです。

しかし、允恭天皇の即位固辞が翌年の一二月まで続いたのか、あるいは翌々年の一二月まで続いたのかについては判断材料がないのです。

この年代の干支も文武天皇朝以降の偽作であることは確かであり、明確な空位年の事蹟・出来事が記されていないということから、空位年は認めないと判断しました。つまり、実質的な空位期間は一年一一ヶ月におよんだと思われますが、紀年上は反正天皇崩御年の翌年が允恭天皇即位年ということになります。

このふたつの空位年以外については、まったく機械的に無事績年を取り除く作業となります。そして、復元できた編年表を「原日本紀年表」と名付けます。

この年表こそが、天武天皇の望んだ「後世に伝える正しい歴史」イコール『原日本紀』の年代観そのものということになります。

五〇三年の真実〈隅田八幡神社人物画象鏡の銘文〉

筆者はこの原日本紀年表を手掛かりに、『日本書紀』に書かれている記事内容の検証を行っていきました。

半信半疑で始めた筆者に、「これこそ正しい紀年復元法に違いない」と確信を与えてくれたものがあります。

それが、隅田八幡神社人物画象鏡《すだはちまんじんじゃじんぶつがぞうきょう》の銘文です。

日本の古代では非常に貴重な金石文《きんせきぶん》のひとつです。金石文は金属や石材に記された文字資料で、古代の真実解明には重要な史料となります。

口伝《くでん》や写本を経て伝わった文献は、その過程における記憶違いや誤写、あるいは時の政権による意図的な改変によって記述内容の信憑性が失われている場合があります。しかし、金石文はそれが刻まれた当時のままの文面であることがほぼ確実であり、信頼度が格段に高いのです。

隅田八幡《すだはちまん》神社は、和歌山県橋本市に鎮座する八五九年創建とされる由緒ある神社です。

写真5-1　隅田八幡神社人物画象鏡（神社境内のレプリカ）

銘文は鏡の縁にそって記されています。この写真では左の真ん中あたりから始まり、反時計回りに一周しています。

この隅田八幡神社に出土地は不明ながら古くから伝わった銅鏡があります。直径は一九・八センチメートル（神社案内板による）で、鏡背には東王父《とうおうふ》・西王母《せいおうぼ》など中国の伝説上の人物が九名描かれ、周囲に四八文字の銘文が記されています。日本最古級の金石文とされ、昭和二六年（一九五一年）に国宝に指定されています。

その銅鏡に鋳出された銘文はこのようなものです。

癸未年八月日十大王年男弟王在意柴沙加宮時斯麻念長寿遣開中費直穢人今州利二人等
取白上同二百旱作此竟

この銘文にはさまざまな解釈が存在します。そもそも同定すること自体が難しい漢字もあります。だから、ここに載せた一般的な漢字の羅列が絶対に正しいとも断言できません。それでも、ほぼ共通認識となっている読み方は次のようなものです。

「癸未年《きびねん》」の八月、「日十大王」の年、「男弟王」が「意柴沙加宮」におられる時、「斯麻」が長寿を念じて、「開中費直」「穢人今州利」のふたりらを遣わして、白上同《はくじょうどう》二百旱《かん》でこの鏡を作る。

しかし、読み方をこうだと認めても、謎が解けるわけではありません。文頭の「癸未年（きびねん／みずのとひつじねん）」すら、特定には至っていないのです。癸未年の有力候補は西暦五〇三年ですが、四四三年とする説もあります。

また、「日十大王」「男弟王」「斯麻」とは誰なのか、「意柴沙加宮」はどこなのかということにもまだ結論は出ていないのです。

それでも、書籍などで比較的よく目にするのは次の解釈でしょう。

五〇三年八月、「日十大王」の治世、継体天皇が忍坂宮におられたとき、百済の武寧王が（継体天皇の）長寿を祈って、河内直と穢人今州利のふたりらを遣わして、白上同二百旱でこの鏡を作る。

この解釈では、「癸未年」が五〇三年、「男弟王」が継体天皇《けいたいてんのう》、「斯麻」が武寧王《ぶねいおう》とされ、「意柴沙加宮」は忍坂宮《おしさかのみや》に比定されています。

「日十大王」については、『日本書紀』から五〇三年に在位中の天皇を探ると武烈天皇《ぶれつてんのう》ということになりますが、両者に関連性をみいだすのが難しいからでしょうか、武烈天皇と比定する説はあまり見かけません。

「男弟王」を継体天皇とするのは、男弟を「をおど」と読んで継体天皇の諱である「男《を》大迹《ほど》」と一致するからと考えます。「斯麻」を武寧王とするのは武寧王の諱が「斯麻王《しまきし》」だったと武烈天皇紀などに記されているからです。

忍坂宮は允恭天皇の皇后であり、雄略天皇の母である忍坂大中姫《おしさかのおおなかつひめ》のおられた宮、あるいはその近くに築かれた宮で、現在の奈良県桜井市にあったと考えられています。

この解釈に準じると、継体天皇は五〇七年即位の前に、すでに大和の忍坂宮にいて、そこへ百済の武寧王が人物画像鏡を献上したということになります。

しかし、この解釈には大きな問題があります。

それは、『日本書紀』の記述を信じるなら、継体天皇は即位二〇年目に大和の磐余玉《いわれのたま》穂宮《ほのみや》に遷ることで初めて大和に入ったことになっているからです。それまでの一九年間は、元年に樟葉宮《くずはのみや》で即位したのち、五年に筒城宮《つつきのみや》、一二年に弟国宮《おとくにのみや》というように大和北縁の淀川沿いを転々としています。そのような継体天皇が即位前に大和にいたという想定には大きな矛盾があるのです。

この解釈の強力な拠りどころとなっているのは、「斯麻」を武寧王とみることです。武寧王は五〇二年に即位した第二五代の百済王です。『日本書紀』には武寧王は筑紫の加羅島《かからのしま》で生まれたと記されますから、日本と繋がりがないわけではありません。韓国の宋山里《そうざんり》古墳群で発見された武寧王陵《ぶねいおうりょう》からは、日本にしか自生しない高野槙《こうやまき》製の棺もみつかっています。

しかし、百済王が将来の即位を約束されているわけでもない一皇子の長寿を願って銅鏡を贈るだろうかという根本的な疑問も浮かびます。

つまり、男弟王を継体天皇とみる解釈はかなり牽強《けんきょう》付会《ふかい》なものであるといえるのです。

さて、そこで『原日本紀』の年代観で人物画象鏡の銘文を読めば、どうなるでしょうか。

原日本紀年表では、五〇三年は清寧天皇の治世五年であり、天皇の崩御年ということになります。

では、「日十大王」は清寧天皇かというと、そうはならないのです。清寧天皇はこの年の一月一六日に崩御されてしまうのです。

すると、人物画象鏡の製造された八月の大和はどのような状況だったのでしょうか。

清寧天皇に皇子はなく、治世二年に播磨国で発見された市辺押磐皇子《いちのへのおしわのみこ》の子である億計《おけの》王《みこ》（のちの仁賢天皇）・弘計王《をけのみこ》（のちの顕宗天皇）兄弟のうち、兄の億計王を治世三年に皇太子としていました。市辺押磐皇子は履中天皇の子であり、清寧天皇の父である雄略天皇のいとこでしたが、雄略天皇に暗殺された皇子です。

しかし、清寧天皇崩御後、億計王と弘計王が皇位を譲り合って継がなかったため、兄弟の姉の飯豊青皇女《いいどよのあおのひめみこ》が朝政を執ります。

『日本書紀』は飯豊青皇女が天皇になったとは記しませんが、崩御記事では飯豊青尊《いいどよのあおのみこと》というように「尊」という尊称が与えられています。さらに、亡くなったことを「崩御」、葬ったところを埴口丘《はにぐちのおかの》「陵《みささぎ》」というように、天皇同様の敬意をもって記しています。そこから、即位していたとする説も強く語られている女帝なのです。

飯豊青皇女の執政期間は非常に短く一一月に「崩御」されますが、即位説を信じれば八月には大王であったことになります。何をもって「即位」とするかは判断が難しいところですが、『日本書紀』の記事にしたがえば、即位しなかったとしても五〇三年八月時点の最高権力者であったことは間違いないでしょう。

すると、日十大王は飯豊青皇女ということになります。

「日十」の読みにはまだ定説がありませんが、「おし」だという説も語られています。

そうであれば、忍海飯豊青尊《おしぬみのいいどよあおのみこと》を自称したと記され、宮は忍海角刺宮《おしぬみのつのさしのみや》だったとされる飯豊青皇女で決定としてよいでしょう。しかし、確証はありません。

そこで、憶測の域を出ませんが私見を述べておけば、「日十」の「日」は「曰（いわく、ひらび）」であり、「日十」を「イイド」あるいは「イヒト」と発音できないだろうかと考えています。

さて、「日十大王」が飯豊青皇女かどうかを留保しても、ちょうどこの時期に「男弟王」とその兄である「斯麻」がいるのです。この場合、「男弟王」をその字義によって「男の弟の王」と解釈します。

それが、兄の億計王（のちの仁賢天皇）と弟の弘計王（のちの顕宗天皇）という兄弟です。弘計王は弟の王であると同時に、「女」である飯豊青皇女の「男」の弟でもあります。

そして、何よりこれが決定的なのですが、『日本書紀』は億計王の別名は「嶋稚子《しまのわくご》」や「嶋郎《しまのいらつこ》」であったと明記しているのです。

この「斯麻」を億計王（仁賢天皇）と比定する解釈は、武寧王と比定するよりも余程説得力があると考えます。

以上のように、「日十大王」＝飯豊青皇女、「男弟王」＝弘計王（顕宗天皇）、「斯麻」＝億計王（仁賢天皇）であると推定すれば、男弟王が「意柴沙加宮」＝大和の忍坂宮にいたとしても何ら不思議ではなくなります。通釈のように、即位前の継体天皇を忍坂宮に存在させる曲解は不要ですし、遠く百済の武寧王を贈り主に想定しなくても、次のように銘文はすっきりと解釈できるようになるのです。

五〇三年八月、飯豊大王の治世、顕宗天皇が忍坂宮におられたとき、仁賢天皇が顕宗天皇の長寿を祈って、河内直と穢人今州利の二人らを遣わして、白上同二百旱でこの鏡を作る。

すなわち、隅田八幡神社人物画象鏡は、姉である飯豊大王の治世に、兄仁賢天皇が弟顕宗天皇のために製造したという結論になります。

筆者は、原日本紀年表の年代観を用いたこの解釈のほうが、はるかに通釈より妥当性があると考えます。そして、それこそが復元紀年の正しさを証明してくれるものだと考えています。いつの日か、いま読み解いた銘文の様相が五〇三年の大和の真実であると認められれば、そのときこそ本書の仮説が全面的に認められることを意味します。その日が来るのを信じたいと思います。

第六章

天武天皇の意向と謎の第二期無事績年

『原日本紀』に命じられた歴史の改変

さて、前章で復元した原日本紀年表で注目すべき点がふたつあります。

ひとつめは、仁徳天皇の治世です。四二二年から四五〇年となっています。倭の五王の時代といってよい時期であり、讃《さん》、珍《ちん》、済《せい》三名の遣使朝貢年をカバーしています。

なおかつ、四一八年に応神天皇が崩御されたのち、四一九年から四二一年まで三年間の空位年があります。

この四二一年というのが特殊な年なのです。二六六年に、おそらく壹与《いよ》と思われる倭王が西晋に遣使朝貢したという記事を画期として、一時期倭国に関する記事が中国史書から消えてしまいます。「謎の四世紀」とか「空白の一五〇年」といわれる時期に突入するのです。その時期を経て一五五年ぶりに中国史書『宋書』に記されるのが、倭王讃の遣使朝貢なのです（四一三年に倭国が高句麗とともに朝貢したという記事がありますが、これは高句麗による偽使節説が有力なのでここでは採用しません）。

まさにその記念すべき年に、日本に天皇がいなかったと『原日本紀』は宣言しているのです。これを絶妙な年代設定とみるのは穿《うが》った見方でしょうか。筆者には明らかに倭の五王の遣使朝貢を隠ぺいする意図があったようにみえてしまうのです。

天武天皇の望んだ「日本の正しい歴史」のなかに、宋への遣使朝貢を始めた倭王讃は存在してはいけない人物だったのです。

天武天皇の国史編纂《へんさん》は、律令の制定や身分・官僚制度の整備とともに自身の王朝の基盤を確かなものとする政策の一環であったと考えられます。そうであれば、その「国史」は天武天皇朝を正統とする歴史を確定し、国内外へ宣言するものであったはずです。

その目的に反する歴史は、周囲の皇族・氏族の厳しい目が注がれるなか一定の制限はあったとしても、抹消されたり改変されたりしたことは容易に想像できます。

その最たるものが中国王朝への遣使朝貢であったと推測します。

天智天皇二年（六六三年）、日本は白村江《はくすきのえ》の戦いにおいて唐・新羅連合軍に大敗を喫します。その後しばらく唐の日本侵攻に怯えた時期もあったとされますが、次第に立ち直り、唐との対等な関係修復を模索していたと思われます。

そのような時期に、中国王朝の冊封国になっていたという過去をみずから明言することは、百害あって一利なしです。倭の五王が宋へ遣使朝貢したという歴史の隠ぺいは最優先事項であったはずなのです。

その方法や経緯、復元については別稿にゆずるとして、本書ではもうひとつの改変についいて詳しくみていきたいと思います。それが、第二期無事績年を生じさせた王朝の並立です。

第二期無事績年を考える

原日本紀年表でもうひとつ注目すべき点は、允恭天皇の崩御年四七二年です。この四七二年に着目するということは、仁賢天皇の即位年五〇七年に着目するということと同義です。その間の安康天皇の治世三年、雄略天皇の治世二三年、清寧天皇の治世五年、顕宗天皇の治世三年という合計三四年間には無事績年がないからです。

『日本書紀』は允恭天皇の崩御年を四五三年とし、仁賢天皇の即位年を四八八年としています。それは、『原日本紀』の編年から一九年さかのぼった年です。

その一九年差の原因は明白です。第二期無事績年を削除したからです。第三章でみたように、第二期無事績年は仁賢天皇紀から欽明天皇紀の間に一九年存在していました。その一九年が削除短縮されたからなのです。

では、この第二期無事績年は『日本書紀』編纂のどの段階で生じたのでしょうか。森博達氏の区分論によれば、仁賢天皇紀が含まれる巻一五から欽明天皇紀の巻一九はα群に属します。つまり、第二期無事績年は持統天皇朝における述作によって生じているのです。

それはβ群として文武天皇朝以降に述作される巻一三（允恭天皇・安康天皇紀）以前の天皇紀にみられる第一期無事績年より先に生じていたことを意味します。

そして、第一期無事績年と第二期無事績年の間には、無事績年のない四天皇の治世が存在しています。また、その年数においても約九〇〇年とわずか一九年というように雲泥の差があることから類推すれば、両者の性質が異なることは明白です。

第一期無事績年が大幅な紀年延長操作の結果生じたであろうことは先にみましたが、中途半端ともいえる第二期無事績年はどうして生まれたのでしょうか。

第二期無事績年の特性を明記すれば「一年の欠落もない『原日本紀』の仁賢天皇紀か

ら欽明天皇紀にいたる期間を一九年間引き延ばし、允恭天皇崩御年を一九年さかのぼらせた四五三年と確定（＝安康天皇崩御年を四五六年と確定）したうえで、文武天皇朝以降の編纂者に引き渡した」ということになります。

なぜ、この作業が必要だったのでしょうか。

この第二期無事績年についてはこれまで放置されてきました。深く検証されたことはないといってよいでしょう。

しかし、一九年の第二期無事績年は厳然として存在しているのです。筆者はこの謎を解くことが、紀年論の新たな扉を開くことになるのではないかと考えました。

つまり、この時代（允恭天皇崩御から仁賢天皇即位にいたる時代）の正しい紀年を記しているのは『日本書紀』ではなく、『原日本紀』なのではないか、従来の紀年論が行き詰まった原因は一九年さかのぼった允恭天皇崩御四五三年を定点としたからではないかと考えたのです。

そして、わずか一九年の第二期無事績年が生まれた理由は何か、生まれなければならなかった必然とは何かを考えて、導き出したのが「継体天皇朝と仁賢・武烈天皇朝の並立説」だったのです。

二王朝並立と第二期無事績年の生まれ方

『日本書紀』に記された仁賢天皇から欽明天皇までの治世を列挙すれば、仁賢天皇一一年、武烈天皇八年、継体天皇二五年、安閑天皇四年（先にみた不可解な二年を含む）、宣化天皇四年、欽明天皇三二年の合計八四年となります。

一方、『原日本紀』における治世合計は、五〇七年から五七一年の六五年です。『日本書紀』の治世年数が正しいと仮定すれば、『原日本紀』は一九年を短縮したということになります。

『日本書紀』がこの年代においてわずか一九年の紀年延長を行う意義がみつからないとすれば、実年代にそって一年の欠落もない編年体で記されたと仮定する『原日本紀』が一九年を間引いたとしか考えようがなくなるのです。

それを考えていたときに気がついたのが、この時期の『日本書紀』に存在する不可解な一九年間だったのです。

『日本書紀』によれば、継体天皇は五〇七年に河内の樟葉宮《くずはのみや》で即位し、治世五年に山背《やましろ》の筒城宮《つつきのみや》に遷り、治世一二年に弟国宮《おとくにのみや》に遷ったとされます。これらの宮はすべて淀川流域にあります。

継体天皇が大和に入るのは、治世二〇年の磐余玉穂宮《いわれのたまほのみや》への遷宮を待たなくてはなりません。つまり、それまでの一九年間は大和の外から天下を治めたということになっているのです。

はたしてそのような状況で天皇の権威を正当に行使することは可能だったのでしょうか。当時は、まだ皇族（王族）・氏族の合議制だったのではないかとさえ考えられている時代です。筆者は、そのような状況のなかで正常な政治を行うことは不可能だろうと考えました。

では、継体天皇はなぜ治世二〇年まで大和に入ることができなかったのでしょうか。そのことに対してよく語られる説として、大和に継体天皇を認めない勢力がいたというものがあります。

筆者は、その勢力こそが継体天皇と並立していたもうひとつの天皇朝だと考えました。

具体的には、一一年間天下を治めたとされる仁賢天皇と八年間天下を治めたとされる武烈天皇です。合計一九年間の治世となります。五〇六年に崩御された顕宗天皇を継いで、五〇七年に仁賢天皇が即位し大和の石上広高宮《いそのかみのひろたかのみや》で天下を治め、次いで五一八年からは武烈天皇が泊瀬列城宮《はつせのなみきのみや》で天下を治めたと推測しました。

そして、五二五年、武烈天皇の治世八年に原因不明ながら天皇が崩御されて並立は解消され、翌五二六年（継体天皇二〇年）に継体天皇が大和に入るということになります。

では、第二期無事績年が生じる経緯をみていきます。複雑ですので、ここでは図を用いて説明しましょう。歴史の真実が『原日本紀』を経て『日本書紀』の紀年となる過程を示したのが図表６－１です。

現実の事象として、五〇七年から五二五年までの一九年間、王朝が並立します。片方は淀川流域の継体天皇朝であり、もう片方は仁賢天皇から武烈天皇へと引き継がれていく大和の王朝です。

まず、『原日本紀』の編纂当初あるいは準備段階といえる時期に、現実の王朝並立をそのまま反映した歴史が組み立てられます。それは図の上段の編年となっています。

しかし、天武天皇は国史編纂にあたって、自身の王朝の正統性を裏付けるために、初代天皇即位から断絶したり分裂したりすることなく脈々と受け継がれていく皇統を求めたのだと思います。実際、完成した『日本書紀』はそのようになっています。

それで、王朝の並立は天武天皇の意向にそわないものとして、『原日本紀』段階で直列化されたのだと推測します。

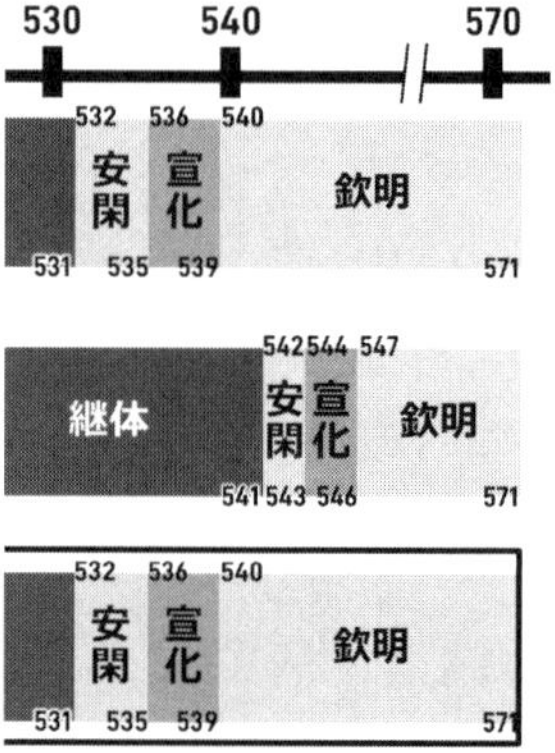

第二期無事績年

その際、仁賢天皇が五〇七年に即位し、それを武烈天皇が継いだあとに、継体天皇が即位するように並べようとすると、必然的に重なった一九年間をどこかで吸収し、調整する必要が生じます。

それを、『原日本紀』ではのちの欽明天皇の治世までの間で行ったのだと推測しました。五〇七年仁賢天皇即位から五七

図表6-1　二王朝並立から『日本書紀』紀年への変遷

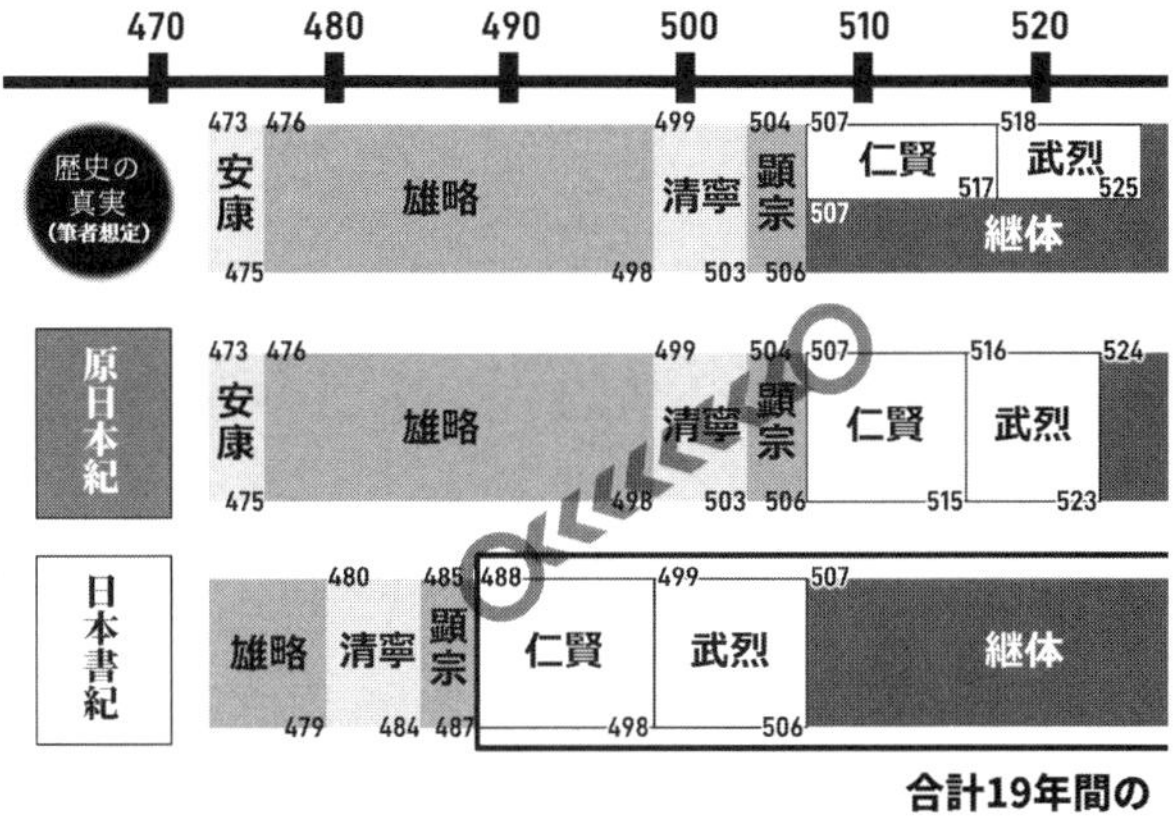

一年欽明天皇崩御にいたる期間内で一九年を間引くことによって吸収したのです。

もちろん、直列化の方法として、仁賢天皇・武烈天皇の治世を五〇七年継体天皇即位の前に置く選択肢も検討されたと思います。しかし、この段階ではまだ紀年延長は企図されておらず、実年代にそった歴史の編纂が行われていたためにその方法は採用されなかったのだと推察します。

すると、『原日本紀』での紀年は図表6-1中段のようになります。

それが原日本紀年表の編年ということになるのですが、『原日本紀』はそのまま進上されることはありませんでした。

天武天皇崩御後、持統天皇朝に入ると『原日本紀』をもとにした続守言や薩弘恪らα群述作者による新たな編纂作業が始まります。

編纂方針は見直され、大幅な紀年延長や氏族の始祖伝承および先祖の天皇への貢献譚の挿入などが決定されたと考えられます。

持統天皇朝においても、可能であれば唐と対等の関係を築きたいと考えていたはずです。そういう人々の前にある『史記』の歴史は太古の昔にさかのぼり、国史の範とした『春秋』は紀元前七二二年の隠公の即位から連綿と歴史を綴っているのです。

それらに比べて、天武天皇朝に編纂された『原日本紀』の歴史がとても貧弱なものに見えたとしても不思議ではありません。それで、対唐政策のひとつとして中国に比肩しうる日本の長い歴史を宣言するという目的が追加されたことは容易に想像できます。

また国内に目を向ければ、専制的であった天武天皇という重しが取れて、氏族たちの発言力が増してきた可能性もあります。それが、氏族関連記事の追加挿入という強い要請となって現れたのかもしれません。日本最初の正史として、日本建国の経緯が確定され、永く後世に伝わっていくわけです。有力氏族が競い合って、我々こそが建国に大きな役割を果たした氏族であると歴史に名を留めることを望んだとしても不思議ではないでしょう。

『日本書紀』の編纂経緯に戻れば、持統天皇朝では巻一四の雄略天皇紀から巻二七天智天皇紀までが、α群述作者によって『原日本紀』を上書きして完成していきます。元嘉暦に基づく述作です。

話は逸れますが、ここで森氏の区分論を確認すると、巻二二の推古天皇紀と巻二三の舒明天皇紀はβ群に分類されています。α群よりのちの段階で仕上がっているわけです。

森氏は、α群の述作は続守言が巻一四から取りかかり、薩弘格が巻二四から取りかかったと想定されます。しかし、続守言は巻二一（用明・崇峻紀）の崇峻紀の完成前に卒したために、巻二二と巻二三はα群では完成しなかったという推定です。そう考える根拠として、巻一四から巻二一と巻二四から巻二七にみられる明らかな相違点も明示されています。

しかし、筆者は、持統天皇朝においてこの二巻だけ空白としたまま前後の巻が完成したと考えることには疑問があります。仮に森氏の想定通りに続守言が巻一四から巻二三までを担当していたとしても、ただひとりで編纂・述作していたとは思われません。数人がひと組となって担当していたとすると、万一続守言が卒したとしても作業は途切れずに完遂されたと考えてよいのではないでしょうか。

よほど時間がなければ話は別ですが、巻一四から巻二七までは持統天皇朝において連続した状態で仕上げられ、のちの文武天皇朝以降に巻二二と巻二三が、何らかの理由により改訂（上書き）されたと想定するほうが妥当だと考えています。

話を戻しますと、この段階で『原日本紀』によって短縮されていた天皇の治世が復元されます。紀年延長を決定したこの段階では実年代にこだわる必要はなくなりますから、並立状態に戻すことなく直列のまま復元作業は実行されました。結果的に一九年という若干の紀年延長をともなう、紀年延長の第一段階といってよい復元がなされたことになります。

それが図表6-1下段の紀年です。

結果として、仁賢天皇の即位年は真実の即位年である五〇七年より一九年さかのぼることになります。そして、これこそが『日本書紀』の紀年なのです。この時点で、無事績年のない顕宗天皇、清寧天皇、雄略天皇、安康天皇の即位年も必然的に一九年さかのぼることになります。そして、允恭天皇崩御年を四五三年と確定させて、文武天皇朝以降のβ群の儀鳳暦に基づく述作へと引き継がれていくのです。

さて、ここで無事績年という視点から確認するとどうなっているでしょうか。『原日本紀』では仁賢天皇から欽明天皇までの治世は六五年です。すなわち事績の記された年は六五年分です。それを八四年に引き延ばして復元するわけですから、必然的に一九年の無事績年が生じることになるのです。『日本書紀』に現れた不可解な第二期無事績年には、このような発生経緯が推定できるのです。

もちろん、『日本書紀』が完成するまでには、この第二期無事績年の年に何らかの事績や出来事を書き加える計画があったかもしれません。しかし、実際には最終的な進上まで放置されてしまいました。ただし、逆に考えれば、そのおかげで二王朝並立に気付くことができたともいえます。

以上が、『日本書紀』に第二期無事績年が存在する理由であると考えます。

第七章

継体天皇朝と仁賢・武烈天皇朝並立の根拠と歴史の真実

合計一九年の第二期無事績年と、継体天皇が大和に入るまでの一九年、仁賢天皇・武烈天皇の治世合計の一九年がぴたりと一致しています。

その符合自体が二王朝並立の可能性を十分に示唆しているといってよいでしょう。加えて、『日本書紀』の継体天皇紀と仁賢・武烈天皇紀の記事内容からもその根拠を探すことができるのです。

それは、並立期間の記事に見られる奇妙な一致や混同です。両天皇紀がもともと並列にされていたと考えない限り生じないと思われるものばかりです。

それを比較対照させてみていきましょう。なお、二王朝並立を想定した編年表は図表7－1となります。

1前天皇の葬送に関する記事

仁賢天皇紀と継体天皇記を読み比べてみて、まず目につくのは前天皇の葬送に関する記事です。仁賢天皇と継体天皇が自身の前代の天皇を埋葬する記事を並べてみます。

〈仁賢天皇元年条〉

冬十月丁未朔己酉　葬弘計天皇于傍丘磐杯丘陵

（訳）冬一〇月三日、弘計天皇《をけのすめらみこと》（顕宗天皇）を傍丘磐坏丘陵《かたおかのいわつきのおかのみささぎ》に葬った。

図表7-1　二王朝並立の編年表

仁賢・武烈天皇朝		西暦	継体天皇朝	
仁賢天皇	元	**507**	**継体天皇**	元
仁賢天皇	2	**508**	継体天皇	2
仁賢天皇	3	**509**	継体天皇	3
仁賢天皇	4	**510**	継体天皇	4
仁賢天皇	5	**511**	継体天皇	5
仁賢天皇	6	**512**	継体天皇	6
仁賢天皇	7	**513**	継体天皇	7
仁賢天皇	8	**514**	継体天皇	8
仁賢天皇	9	**515**	継体天皇	9
仁賢天皇	10	**516**	継体天皇	10
仁賢天皇	11	**517**	継体天皇	11
武烈天皇	元	**518**	継体天皇	12
武烈天皇	2	**519**	継体天皇	13
武烈天皇	3	**520**	継体天皇	14
武烈天皇	4	**521**	継体天皇	15
武烈天皇	5	**522**	継体天皇	16
武烈天皇	6	**523**	継体天皇	17
武烈天皇	7	**524**	継体天皇	18
武烈天皇	8	**525**	継体天皇	19
		526	継体天皇	20

〈継体天皇二年条〉

冬十月辛亥朔癸丑　葬小泊瀬稚鷦鷯天皇于傍丘磐杯丘陵

（訳）冬一〇月三日、小泊瀬稚鷦鷯天皇《おはつせのわかさざきのすめらみこと》（武烈天皇）を傍丘磐坏丘陵《かたおかのいわつきのおかのみささぎ》に葬った。

仁賢天皇治世元年は『日本書紀』の設定では四八八年ですが、二王朝の並立を想定すれば五〇七年となります。継体天皇二年は『日本書紀』の紀年から求められる通り五〇八年です。

一年のずれはありますが、同じ一〇月三日に同じ傍丘磐坏丘陵に埋葬するというのはじつに奇妙な一致です。のちの延喜式や宮内庁の治定では、同じ傍丘磐坏丘陵でも顕宗天皇陵は南陵《みなみのみささぎ》、武烈天皇陵は北陵《きたのみささぎ》というように南北に分けて比定されています。しかし、『日本書紀』の記事では同一の場所としか読み取れないのです。

また、顕宗天皇と武烈天皇は叔父と甥の関係です。武烈天皇が父の仁賢天皇陵ではなく叔父の顕宗天皇陵と同所に埋葬されるというのには大きな違和感があります。

この奇妙な一致については、編纂《へんさん》当初あるいは準備段階に図表7－1のように並べられた編年が直列化される際に、記事の流用が行われたのが原因だと考えます。

推測になりますが、並立に置かれたとき、従来からの王朝の流れをくむ大和の仁賢・武烈天皇朝には豊富な記録が残っている一方、新王朝ともいえる継体天皇朝には記録が乏しかったのではないでしょうか。

図表7－1のように並立した状態で武烈天皇が崩御されたとすると、埋葬されるのは同年であれば継体天皇一九年ですし、翌年であれば継体天皇二〇年です。その記録も残っていたのかどうかは疑わしいですが、直列化されると、継体天皇は「即位後すみやかに」前天皇である武烈天皇を埋葬しなければならないのです。即位後一九年や二〇年まで殯《もがり》（死者を埋葬までの一定期間、殯宮《もがりのみや》などに安置して祀り最終的な死を確認する古代の葬送儀礼）を続けることなどありえないのです。

それで、ほぼ横並びとなっていた仁賢天皇元年条の顕宗天皇埋葬記事が、継体天皇二年条に流用されたのです。その結果として、世代を超えてふたりの天皇が同じ日に同じ場所に埋葬されるという不可解な記事が発生したのだと考えます。

また、これは『日本書紀』内で完結しない事例ではありますが、顕宗天皇と武烈天皇については、鮪臣《しびのおみ》討伐にまつわる混同も認められます。

『日本書紀』の武烈天皇即位前紀に平群真鳥大臣《へぐりのまとりのおおおみ》の子である鮪臣に関する話があります。歌垣（特定の日時・場所に男女が集まり、歌を詠み合いながら恋人や結婚相手を見つける古代の風習）に参加した武烈天皇が、娶ろうと考えていた物部麁鹿火大連《もののべのあらかいのおおむらじ》の娘である影媛《かげひめ》がすでに鮪臣と通じていることを知り、鮪臣を大伴金村連《おおとものかなむらのむらじ》に攻め殺させるというものです。『日本書紀』ではそれに続いて平群真鳥大臣も討伐してしまいます。

これとそっくりの話が『古事記』にも残されているのです。ところが、不思議なことにそれは顕宗天皇の即位前記にあります。志毘臣《しびのおみ》は平群臣の先祖とされ、影媛は菟田首《うだのおびと》の娘の大魚《おうお》に差し変わっていますが、顕宗天皇は歌垣で志毘臣と争い、その後に仁賢天皇とともに志毘臣を攻め殺してしまうのです。

これも、歴史の真実と考える並立状態では継体天皇（ならびに仁賢天皇）の前代の天皇であった顕宗天皇に関連した話が、直列化されて継体天皇の前代となった武烈天皇に関連した話に転化した可能性があると考えています。

2 同一年次に現れる類似の名詞

次に、仁賢天皇紀六年と継体天皇紀六年の記事を比べてみます。以下は『日本書紀全現代語訳』（宇治谷孟／講談社学術文庫）からの要約です。

〈仁賢天皇六年条〉

秋、難波《なにわ》の御津《みつ》で、日鷹吉士《ひたかのきし》に付き従って高麗《こま》に行った麁寸《あらき》の妻、飽田女《あくため》が哭《な》き悲しみながら「私の母にとって兄《せ》であり、私にとっても兄《せ》である麁寸が行ってしまった」といった。

鹿父《かかそ》という人が飽田女に「なぜそれほど哀しく哭くのか」と聞くと、飽田女は「秋《あき》葱《き》が二重なように悲しみが二重であることをわかってほしい」といった。

鹿父は「諾《せ》」（わかった）といった。同伴者《ともだち》がなぜわかったのかを尋ねると「難波《なにわの》玉作部鯽魚女《たまつくりべのふなめ》が韓白水郎暵《からまのはたけ》に嫁いで哭女《なくめ》を生んだ。哭女は住道人山杵《すむちのひとやまき》に嫁いで飽田女を生んだ。韓白水郎暵の死と哭女の死が重なり、すでにふたりともに死んでいる。山杵はこれより前（鯽魚女が韓白水郎暵に嫁ぐ前）に鯽魚女を犯して麁寸が生まれていた。それで、麁寸は飽田女の兄《せ》（夫）であると同時に、飽田女の母哭女の兄《せ》（兄）でもあるのだ。だから、「飽田女の哭く声は聞く人を切なくさせるのである」といった。

〈継体天皇六年条〉

冬一二月、百済の使いが任那《みまな》四県の割譲を願い出た。穂積臣押山《ほづみのおみおしやま》と大伴大連金村《おおとものおおむらじかなむら》が同調した。物部大連《もののべのおおむらじ》麁鹿火《あらかい》が勅《みことのり》を伝える使者となり難波の館《むろつみ》に行った。まさに勅を伝えようとしたとき麁鹿火の妻が「住吉大神《すみのえのおおかみ》が高麗《こま》・百済・新羅・任那らを応神天皇に授けられた。神功皇后は武内宿禰とともに国ごとに官家《みやけ》を置き海外の守りとして長く経ちます。もし割いて他国に与えれば、本来の区域《さかい》と異なってきます。きっと後世に長く非難されるでしょう」といって諫《いさ》めた。

麁鹿火は「もっともであるが、それでは天皇の勅に背くことになる」というが、妻は詐病を用いることを勧め、麁鹿火はそれに従った。天皇は別の使いに勅して、百済に任那四県を与えた。

のちに大兄皇子（のちの安閑天皇）がその勅を知り、改めようと令《のりごと》して「応神天皇から官家を置いてきた国を軽々しく与えてよいはずがない」といった。そこで日鷹吉士を遣わして百済の使いに伝えるが、「皇子の令より天皇の勅の方が正しいでしょう」と答えて帰っていった。

仁賢天皇紀六年（並立編年で五一一年）の記事では、「難波」を舞台に「日鷹吉士」および「麁寸」、その「妻」「鹿父」が登場します。

一方、継体天皇紀六年（五一二年）の記事では、「難波」を舞台に「麁鹿火」とその「妻」「日鷹吉士」が登場します。

同一年次に類似の名詞が重複する可能性は低いと思われます。これも、王朝並立のひとつの状況証拠といえるのではないかと考えています。

とはいえ、継体天皇紀は任那四県割譲という現実的な話であり、物部麁鹿火も実在の確かな人物です。一方、仁賢天皇紀はいわゆる民間伝承のような説話です。内容もまったく異なりますし、登場する相手国も百済（継体天皇紀）、高麗（仁賢天皇紀）と異なっています。

だから、この件については主観的すぎると指摘されても仕方ないとは思います。

しかし、一方が民間伝承のようなものであるからこそ、類似が気になるのです。「麁《あら》火《かい》」と「麁寸《あらき》」については、「あらかい」は容易に「あらき」に転訛しそうです。そして「鹿」の字の入った「鹿父《かかそ》」まで登場しています。

つまり、次のように考えられるのではないでしょうか。

任那四県割譲は五一二年のことでした。それは、仁賢天皇六年であり、継体天皇六年でもあります。

しかし、割譲した主体は大和の王朝の仁賢天皇です。二王朝を比べると、雄略天皇、清寧天皇、顕宗天皇という従来の大和の王朝を引き継ぐ仁賢天皇朝のほうが主だと考えられるからです。権力は大和にあり、この時点ではまだ継体天皇朝は弱小の新興勢力であったとも考えられます。

この仁賢天皇の事績といえる任那四県割譲は、王朝が直列化される際に継体天皇六年の事績となります。天皇は第二六代継体天皇↓第二七代安閑天皇↓第二八代宣化天皇↓

第二九代欽明天皇と続いていきます。第二四代仁賢天皇六年の事績とするのには無理が生じると考えられたのでしょう。

その過程で、仁賢天皇六年条には民間伝承のような説話が挿入され、その登場人物に継体天皇紀へ移動させられる事績に名前のある「麁鹿火」の文字を当てたのではないかというのが筆者の推測です。

この件に関する考察をさらに進めますと、王朝並立および『原日本紀』の存在を示す強力な事柄が見つかりますので、次項にまとめます。

3 継体天皇六年と二三年の重複記事

『日本書紀』にはいくつか重複記事がみられますが、継体天皇紀のなかにも重複記事といってよい記事があります。いまみてきた任那四県割譲記事に関連するものです。六年条と二三年条に重出がみられると考えられています。それを比較してみましょう。六年条は前項の冬一二月に百済が任那四県の割譲を願い出たときの記事です。『日本書紀全現代語訳』（宇治谷孟／講談社学術文庫）より引用します。

〈継体天皇六年条〉

冬一二月、百済が使いを送り、調をたてまつった。別に上表文をたてまつって、任那国の上哆唎《おこしたり》・下哆唎《あろしたり》・娑陀《さだ》・牟婁《むろ》の四県を欲しいと願った。哆唎の国守穂積臣押山が奏上して、「この四県は百済に連なり、日本とは遠く隔たっています。百済とこれらの地は朝夕に通い易く、鶏犬の声もどちらのものか聞きわけにくいほどであり、いま百済に賜わって同国とすれば、保全のためにこれに過ぐるものはないと思われます。しかし百済に合併しても、後世の安全は保障しにくく、まして百済と切り離しておいたのでは、何年ともたないと思います」といった。

〈継体天皇二三年条〉

春三月、百済王は下哆唎国守穂積押山臣に語って、「日本への朝貢の使者がいつも海中の岬を離れるとき、風波に苦しみます。このため船荷を濡らし、ひどく損壊します。それで加羅の国の多沙津を、どうか私の朝貢の海路として頂きとうございます」

といった。押山臣はこれを伝奏した。

この月、物部《もののべの》伊勢《いせの》連《むらじ》父根《ちちね》・吉士《きし》老《のおきな》らを遣わして、多沙津を百済の王に賜わった。このとき加羅の王が勅使に語って、「この津は官家が置かれて以来、私が朝貢のときの寄港地としているところです。たやすく隣国に与えられては困ります。始めに与えられた境界の侵犯です」といった。

勅使父根らはこのため、その場で百済に加羅の多沙津を賜るのは難しいと思って、大島に退いて引き返した。これとは別に録史《ふびと》（記録官）を遣わして後に扶余《ふよ》（百済）に賜わった。

このふたつの記事は対象地域が任那四県（六年条）と加羅国の多沙津（二三年条）というように異なりますが、大きな視野でみればほぼ同地域といってよいでしょう。事の成り行きも似通っています。

二三年条では、百済王が加羅国の多沙津を欲しいと願い出て、それを穂積押山臣が伝送します。

天皇はそれを認めて、勅使として物部伊勢連父根と吉士老を遣わします。
しかし、加羅の王が、官家が置かれて以来の地を隣国に与えるのは本来の境界の侵犯になるので困ると反論し、父根らは勅を伝えることを保留して帰ります。

その後、別の勅使である録史を遣わして百済に与える、という流れになっています。

一方、六年条では、百済が上表文を奉り任那四県の割譲を願い出て、穂積臣押山も賛同の意を奏上します。

その後の経緯は前項の要約を参照してほしいのですが、天皇はそれを認めて、物部大連麁鹿火を勅使として遣わします。

しかし、妻が、官家が置かれて以来の地を他国に与えれば本来の区域と異なってしまい、のちに非難されるでしょうと諫め、

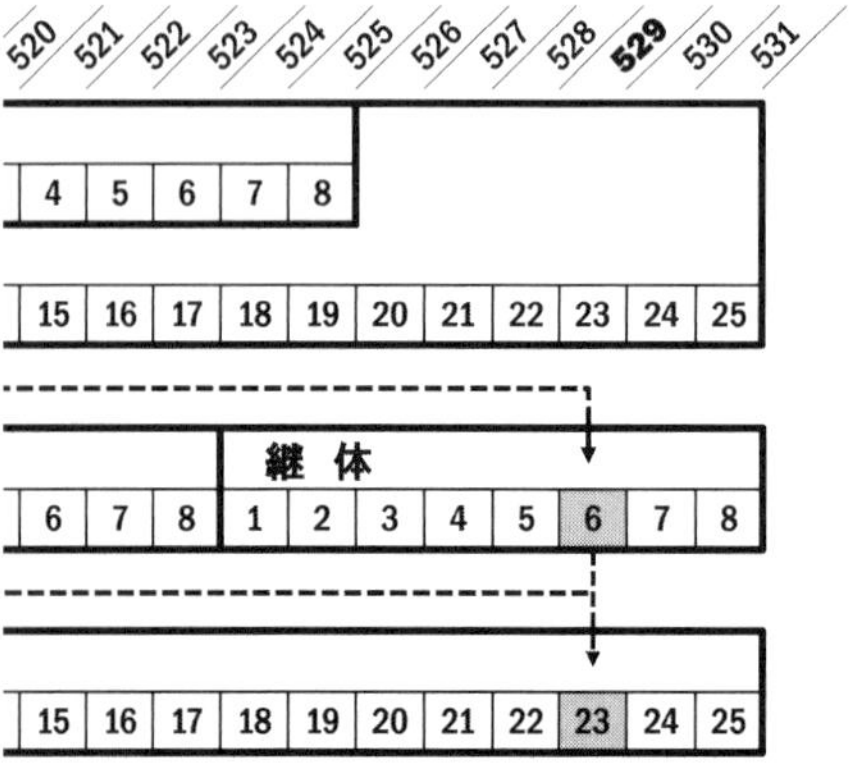

図表7-2　二王朝並立から『日本書紀』への変遷

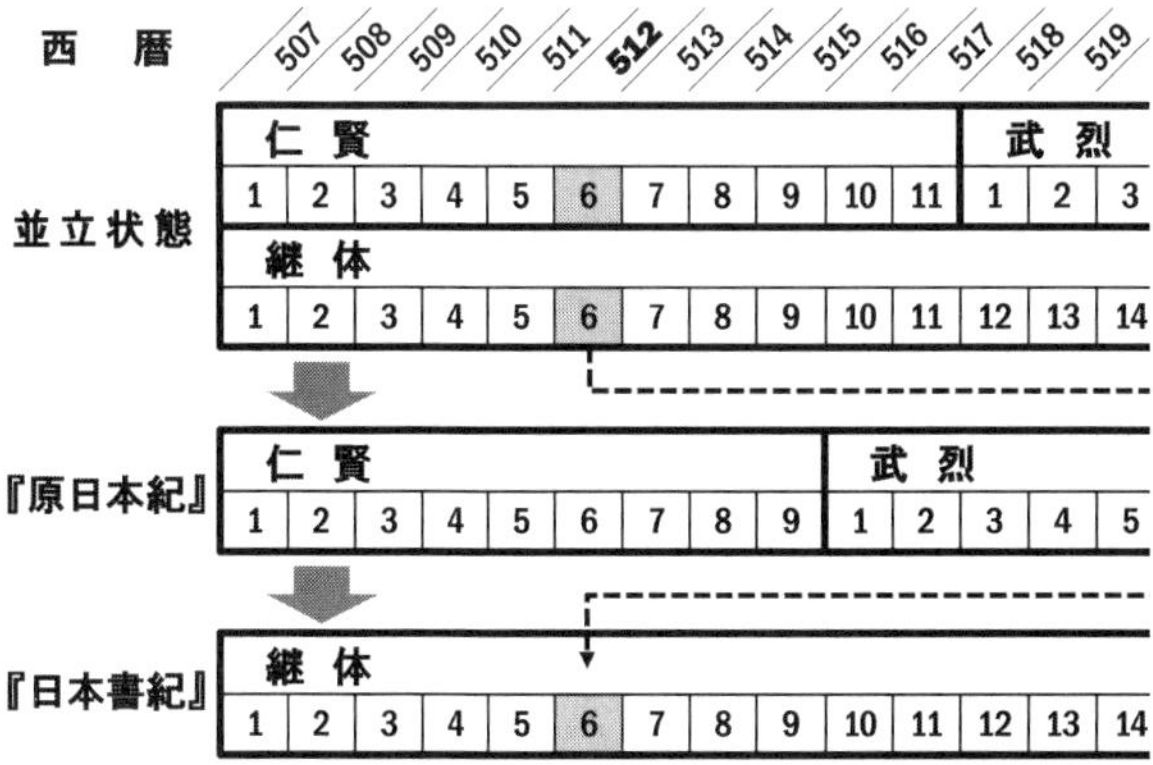

詐病を用いて勅を伝えることを辞退します。

その後、別の使いを遣わして百済に与える、という流れになっています。

六年条で穂積臣押山が奏上した言葉は、そのまま二三年条の「押山臣はこれを伝奏した」の箇所に入りそうな内容です。百済王の語った内容と穂積臣押山の奏上した内容は一対のものであったと考えられます。

このように、ふたつの話はまったく同じ文脈となっているのです。

では、なぜこのような重出といってよい事象が生じたのでしょうか。

第二期無事績年の生じる過程と照らし合わせれば、その答えがみつかります。

二王朝並立の編年は図表7－1の通りですが、これを直列化した『原日本紀』段階では図表5－1の原日本紀年表のようになります。それに、『日本書紀』の紀年を加えたのが図表7－2です。

二王朝並立状態で継体天皇の元年は五〇七年ですが、『原日本紀』では元年が五二四年に移動します。すると、継体天皇六年はどうなるでしょう。

継体天皇六年（『原日本紀』における治世六年目）は五二九年となります。そして、この五二九年こそが、『日本書紀』紀年では継体天皇二三年となっているのです。

すなわち、二王朝並立状態で五一二年（壬辰《じんしん》年）に並んでいた継体天皇六年と仁賢天皇六年は、『原日本紀』での直列によって、仁賢天皇六年は五一二年に残りますが、継体天皇六年は一七年降《くだ》った五二九年（己酉《きゆう》年）に移動したのです。

そして、この次の段階、具体的には持統天皇朝においてα群述作の過程で、現在の『日本書紀』の紀年となります。

それは、継体天皇六年が五一二年に復元されることを意味します。しかし、何らかの原因で五二九年に加羅の多沙津割譲の記事が残されたと考えれば、重複記事の出現が合理的に説明できると考えます。そして、継体天皇紀における六年条と二三年条の不可思議な重出は、二王朝並立と『原日本紀』の編纂を前提としない限り絶対に生じないものだといえるのです。

さて、任那・加羅割譲の事績は本来仁賢天皇のものであると推定しましたが、その仁賢天皇六年はどうなるでしょう。『日本書紀』では、一九年さかのぼって四九三年（癸酉年《きゆう》）となります。日鷹吉士と麁寸（麁鹿火？）が高麗に遣わされたという記事とともに移動しています。継体天皇二三年条の「物部伊勢連父根・吉士老らが百済に遣わされた」という記事を読んだあとでは、ここにかすかな痕跡を認めることができると思います。

4　立太子年の一致

仁賢天皇の子である小泊瀬稚鷦鷯尊（武烈天皇）と継体天皇の子である勾大兄皇子《まがりのおおえのみこ》（安閑天皇《あんかんてんのう》）の立太子記事を見てみます。

〈仁賢天皇七年条〉

春正月丁未朔己酉　立小泊瀬稚鷦鷯尊　為皇太子

（訳）一月三日、小泊瀬稚鷦鷯尊を立てて、皇太子《ひつぎのみこ》とした。

〈継体天皇七年条〉

十二月辛巳朔戊子　詔曰（略）勾大兄（略）宜処春宮　助朕施仁　翼吾補闕

（訳）一二月八日、詔して「（略）勾大兄皇子（略）皇太子として私を助け仁を施し、
　私の足りないところを補ってくれ」といった。

「春宮《しゅんきゅう》」は皇太子の住む宮殿、あるいは皇太子そのものを指します。

ふたりとも父天皇の治世七年（五一三年）に皇太子となっています。

これには偶然であろうという意見もあると思います。しかし、武烈天皇と安閑天皇についてては、その皇后に関して不可解な混同がみられるのです。続けてみていきます。

5 武烈天皇と安閑天皇の皇后の混同

安閑天皇の皇后は春日山田皇女《かすがのやまだのひめみこ》です。別名は山田赤見皇女《やまだのあかみのひめみこ》で、仁賢天皇と和珥臣日爪《わにのおみひつめ》の娘の糠君娘《あらきみのいらつめ》の間に生まれました。

一方、武烈天皇の皇后は春日娘子《かすがのいらつめ》です。春日娘子は『日本書紀』で出自が不明なただひとりの皇后です。『古事記』にはその存在自体が記されていません。

さて、継体天皇七年（五一三年）、勾大兄皇子（安閑天皇）は春日皇女《かすがのひめみこ》（原文ママ）を迎え入れます。そして、明け方に皇子が「春日の国に美しい女性がいると聞いて一夜をともにしたが、もう鶏が鳴いている。かわいいともいわぬ間に夜が明けてしまった。わが妻よ」という歌を詠みます。それに答えて春日皇女が次のような歌を返します。

隠国《こもりく》の　泊瀬《はつせ》の川ゆ　流れ来る　竹の　い組竹《くみだけ》節竹《よだけ》本辺《もとへ》をば　琴に作り　末辺《すゑへ》をば
笛に作り　吹き鳴す　御諸《みもろ》が上に　登り立ち　我が見せば　つのさはふ　磐余《いわれ》の池の
水下《みなした》ふ　魚も　上に出て歎く　やすみしし　我が大君《おおきみ》の　帯《お》ばせる　細紋《ささら》の御帯《みおび》の
結び垂れ　誰やし人も　上に出て歎く

※『日本書紀（三）』（坂本太郎ほか／岩波文庫）より引用

（訳）初瀬川を流れてくる、竹の組み合わさっている節竹。その根本の太い方を琴に作り、末の細い方を笛に作り、吹き鳴らす御諸山の上に、登り立って私が眺めると、磐余の池の中の魚も、水面に出て歎いています。わが大君が締めておいでになる、細かい模様の御帯を結び垂れて、（そのタレと同音の）誰でもが顔に出して、お別れを嘆いています。※『日本書紀　全現代語訳』（宇治谷孟／講談社学術文庫）より引用

では、この歌に詠みこまれた舞台はどこでしょう。勾大兄皇子と春日山田皇女が歌を詠みあった場所はどこでしょうか。

注目すべき言葉は、「箥観細能哿波（泊瀬川／初瀬川）」「美母慮（御諸）」「以箥例（磐余）」の三つです。ちなみに、「箥観細能哿波」「美母慮」「以箥例」は『日本書紀』原文の記す文字です。

「泊瀬《はつせ》川《がわ》／初瀬川」は、古来、「こもりくの泊瀬の川」と歌に詠まれた川です。「こもりくの」は泊瀬（初瀬）の枕詞です。大和川の上流の川です。

「御諸山《みもろやま》」は「三輪山《みわやま》」のことです。

そして、「磐余《いわれ》」は初瀬川を下った地域の名称です。三輪山に登れば、歌のように磐余の池がよく見渡せたはずです。

つまり、歌に詠まれているのは奈良盆地南東部、現在の桜井市あたりの光景であることは間違いありません。

すると、大きな謎が出現するのです。いったいこの歌は誰が誰に向かって詠んだ歌なのでしょうか。

というのも、勾大兄皇子は、継体天皇七年に泊瀬の地に存在することがほぼ不可能なのです。

なぜなら、父の継体天皇は治世二〇年に磐余玉穂宮に遷宮して初めて大和に入ったとされているからです。それまでの一九年間は、大和に入ることができずに奈良盆地北縁部の淀川沿いの宮を転々としています。そのような状況で皇子だけが大和に住んで妃を迎えるなどということはきわめて考えにくいのです。

では、『日本書紀』編纂者たちはそのような経緯を記す一方で、なぜこの歌をここに採用したのでしょうか。

それが、この歌は本来、春日娘子が小泊瀬稚鷦鷯尊に返した歌として選ばれたものであったとみればすっきりと理解できるのです。

前項でみたように小泊瀬稚鷦鷯尊も勾大兄皇子と同様、五一三年に皇太子となっています。きっと、その年に春日娘子を大和の泊瀬に迎え入れたのです。

小泊瀬稚鷦鷯尊はその名に「泊瀬」が入っていますし、のちの宮は泊瀬列城宮《はつせのなみきのみや》です。父の仁賢天皇の宮は、泊瀬から少し北へいった現在の天理市にあった石上広高宮《いそのかみのひろたかのみや》です。皇太子の小泊瀬稚鷦鷯尊が泊瀬にいてもなんら不思議ではありません。逆に、いないほうが不思議な存在といえるのです。

だから、ここに登場する「春日皇女」は春日山田皇女ではなく、春日娘子であり、ふたりが歌を詠み合ったという事績は仁賢天皇紀七年条に記されていたものだと考えられるのです。

それが、二王朝並立が直列化される際に、継体天皇七年の記事として転用されたのだと推測します。『日本書紀』編纂者が意図的に行ったかどうかは不明ですが、結果的に安閑皇后の「春日山田皇女」と武烈皇后の「春日娘子」の混同が起きたということになります。

　それを一歩進めて、筆者は安閑天皇の皇后は、本来「春日山田皇女」という名ではなかったと考えます。

『日本書紀』の安閑天皇紀元年（五三四年）条に「仁賢天皇の女《むすめ》の春日山田皇女を皇后とした」と記す一文に、「またの名は赤見山田皇女である」という分注がついています。また、安閑天皇は翌二年（五三五年）一二月に七〇歳で崩御されたと記されます。同月に陵墓に埋葬されますが、皇后の春日山田皇女も合葬されたという記事があります。しかし、皇后はこのあとも登場するのです。安閑天皇を継いだ宣化天皇が崩御された治世四年（五三九年）のことです。

天国排開広庭尊《あめくにおしはらきひろにわのみこと》（のちの欽明天皇）は年齢の若いことを理由に即位を固辞し、「山田《やまだの》皇后《きさき》に政務を任せたい」と述べるのです。

　これが真実であれば、この時点まで安閑天皇の皇后は生存していたことになります。強引に、安閑天皇の陵墓への合葬はのちの追葬を記したものという解釈もできるでしょうが、記事に混乱がみられます。また、平安時代の『延喜式』で陵墓について記した

『諸陵式』でも、春日山田皇女は合葬とはされていません。

注目すべきは、別名の「赤見山田皇女」と欽明天皇即位前紀の「山田皇后」です。「春日」の文字は入っていません。すなわち、安閑天皇の皇后は「春日」や「和珥」と無関係の女性であり、それと関係するのは武烈天皇の皇后である春日娘子だったと考えられるのではないでしょうか。

歴史の真実を復元する

本章では、五つの視点から継体天皇朝と仁賢・武烈天皇朝が並立した可能性と、それが『原日本紀』段階で直列化された可能性を探ってきました。
この考察結果から、
㈠五〇七年から五二五年までの一九年間、二王朝が並立し、
㈡その編年が『原日本紀』段階で仁賢天皇即位五〇七年から欽明天皇崩御五七一年の間で一九年間引くことによって直列化され、
㈢さらに『日本書紀』で直列のまま治世年数が復元された。

そのような経緯をたどった可能性が高いと考えます。

すると、原日本紀年表は歴史の真実を表しているものではなく、真実はその先にみえてきた王朝並立であるということになります。

ここで、その編年表を示して本章を終えたいと思います。『日本書紀』が記す第二二代清寧天皇の即位年四八〇年から、第二九代欽明天皇の崩御年五七一年までの編年表です。そして、これが古代史編年の復元を追究する本書のひとつの結論でもあります。

ただし、これを「真実の古代史編年表」などと名付けると、さまざまな批判や誤解を招くことになると思いますので、仮に「伊藤式古代史編年表」（図表7－3）としておきます。

図表7-3　日本書紀と伊藤式古代史編年表の比較

日本書紀	西暦	伊藤式古代史編年表	
清寧01	480	雄略05	
清寧02	481	雄略06	
清寧03	482	雄略07	
清寧04	483	雄略08	
清寧05	484	雄略09	
顕宗01	485	雄略10	
顕宗02	486	雄略11	
顕宗03	487	雄略12	
仁賢01	488	雄略13	
仁賢02	489	雄略14	
仁賢03	490	雄略15	
仁賢04	491	雄略16	
仁賢05	492	雄略17	
仁賢06	493	雄略18	
仁賢07	494	雄略19	
仁賢08	495	雄略20	
仁賢09	496	雄略21	
仁賢10	497	雄略22	
仁賢11	498	雄略23	
武烈01	499	**清寧01**	
武烈02	500	清寧02	
武烈03	501	清寧03	
武烈04	502	清寧04	
武烈05	503	清寧05	
武烈06	504	**顕宗01**	
武烈07	505	顕宗02	
武烈08	506	顕宗03	
継体01	507	**仁賢01**	**継体01**
継体02	508	仁賢02	継体02
継体03	509	仁賢03	継体03
継体04	510	仁賢04	継体04
継体05	511	仁賢05	継体05
継体06	512	仁賢06	継体06
継体07	513	仁賢07	継体07
継体08	514	仁賢08	継体08
継体09	515	仁賢09	継体09
継体10	516	仁賢10	継体10
継体11	517	仁賢11	継体11
継体12	518	**武烈01**	継体12
継体13	519	武烈02	継体13
継体14	520	武烈03	継体14
継体15	521	武烈04	継体15
継体16	522	武烈05	継体16
継体17	523	武烈06	継体17
継体18	524	武烈07	継体18
継体19	525	武烈08	継体19
継体20	526	継体20	
継体21	527	継体21	

日本書紀	西暦	伊藤式古代史編年表
継体22	528	継体22
継体23	529	継体23
継体24	530	継体24
継体25	531	継体25
不明	532	**安閑01**
不明	533	安閑02
安閑01	534	安閑03
安閑02	535	安閑04
宣化01	536	**宣化01**
宣化02	537	宣化02
宣化03	538	宣化03
宣化04	539	宣化04
欽明01	540	**欽明01**
欽明02	541	欽明02
欽明03	542	欽明03
欽明04	543	欽明04
欽明05	544	欽明05
欽明06	545	欽明06
欽明07	546	欽明07
欽明08	547	欽明08
欽明09	548	欽明09
欽明10	549	欽明10
欽明11	550	欽明11
欽明12	551	欽明12
欽明13	552	欽明13
欽明14	553	欽明14
欽明15	554	欽明15
欽明16	555	欽明16
欽明17	556	欽明17
欽明18	557	欽明18
欽明19	558	欽明19
欽明20	559	欽明20
欽明21	560	欽明21
欽明22	561	欽明22
欽明23	562	欽明23
欽明24	563	欽明24
欽明25	564	欽明25
欽明26	565	欽明26
欽明27	566	欽明27
欽明28	567	欽明28
欽明29	568	欽明29
欽明30	569	欽明30
欽明31	570	欽明31
欽明32	571	欽明32

第八章

二王朝並立を復元するとみえてくるもの

本章では、歴史の真実として五〇七年から五二五年まで継体天皇朝と仁賢・武烈天皇朝が並立していたのだと仮定すると、新たな編年からどのようなことがみえてくるのかを探っていきたいと思います。

真の武烈天皇陵

『日本書紀』は、第二五代武烈天皇を悪逆非道の天皇だったように書き記しています。治世はわずか八年間ですが、「しきりに悪行をされ、一つも善いことをされなかった」と前置きされるように、即位後は「妊婦の腹を割いた」などという、ここに引用をはばかられる暴虐の数々を繰り返しています。

しかし一方では「日が暮れるまで政務に勤しみ、法令に明るく、無実の罪は必ず晴らした」とも記されますし、『古事記』には悪行のひとつも記されていません。

この悪行については、武烈天皇に後継ぎがなく次の天皇として遠く越前から応神天皇の五世孫である継体天皇を呼び寄せた経緯などから、継体天皇を正当化するために創作されたものであろうという説が有力視されています。

また、具体的な事績が少ないことから武烈天皇非実在説もあります。

しかし、筆者はここまでみてきたように実在した天皇だと考えています。それを前提に、ここでは武烈天皇陵について考えてみたいと思います。

前章では、この武烈天皇と二代前の顕宗天皇が、同じ一〇月三日に同じ傍丘磐坏丘《かたおかのいわつきのおかの》陵《みささぎ》に葬られたという不思議な一致について考えました。そして、それは仁賢・武烈天皇朝と継体天皇朝の並立を、直列に修正する際の混同によって生じたものであろうと推察しました。

そこから導かれるのは、傍丘磐坏丘陵に葬られたのは顕宗天皇であり、武烈天皇は傍丘磐坏丘陵には葬られなかったという結論です。

では、武烈天皇はどこに葬られているのでしょうか。

顕宗天皇と仁賢天皇の兄弟は、父の市辺押磐皇子《いちのへのおしわのみこ》を雄略天皇に殺されています。それで、武烈天皇の叔父にあたる顕宗天皇は雄略天皇をたいへん憎んでいたとされます。雄略天皇陵を破壊しようとしたとさえ書かれています。そんな顕宗天皇が、雄略天皇陵のある古市古墳群から距離を置いた傍丘磐坏丘陵に自らの墓を築いたというのは納得できます。古市古墳群は現在の大阪平野、河内の地にあり、傍丘磐坏丘陵の比定地は奈良盆地内にあります。

しかし、仁賢天皇は古市古墳群に自身の墓を築いています。

武烈天皇の父である仁賢天皇は弟の顕宗天皇と違って、雄略天皇をそれほど憎んでいなかったようです。顕宗天皇が雄略天皇陵を破壊しようとしたとき、それを諌めています。それは、のちに皇后となる雄略天皇の娘、春日大娘皇女を娶っていたからかもしれません。春日大娘皇女は武烈天皇の母でもあります。

すると、武烈天皇も古市古墳群に墓を築く蓋然性が高まります。父の陵墓も、祖父の陵墓も古市の地にあるからです。

では、まず武烈天皇に近い年代の天皇の陵墓を確認していきます。

※古墳の築造年代については筆者の認識であり、考古学会の見解とは異なる可能性があります。

■雄略天皇陵（丹比高鷲原陵《たじひのたかわしのはらのみささぎ》）

古市古墳群の島泉丸山古墳に治定されています。しかし、この古墳は本来円墳であり天皇（大王《おおきみ》）の陵ではありません。近年、真の雄略天皇陵という説が有力とされるのは、同じ古市古墳群にある岡ミサンザイ古墳です。岡ミサンザイ古墳は仲哀天皇陵に治定されていますが、築造年代が五世紀末頃であることから仲哀天皇の治世である四世紀とは大きくかけ離れていることが判明しています。岡ミサンザイ古墳は墳丘長約二四五メートルというこの時期最大の前方後円墳です。

■清寧天皇陵（河内坂門原陵《かわちのさかどのはらのみささぎ》）

古市古墳群の白髪山《しらがやま》古墳に治定されています。清寧天皇は生まれながらにして白髪であったと記されます。この古墳は六世紀前半の築造とされる墳丘長約一一五メートルの前方後円墳です。『日本書紀』の清寧天皇の治世（四八〇年〜四八四年）とは合致しませんが、本書の復元紀年では四九九年から五〇三年となり多少なりとも時代は降ります。

■顕宗天皇陵（傍丘磐坏丘陵）

奈良県香芝《かしば》市にあります。しかし、現在治定されている墳丘は円墳であり治定が間違っている可能性が高いようです。そこからほど近いところにある狐井城山《きついしろやま》古墳が真の顕宗天皇陵であろうという説が提唱されていますが、筆者もそれに同意します。狐井城山古墳は、墳丘長約一四〇メートルの前方後円墳で、築造時期は六世紀初頭あたりと考えられています。『日本書紀』の顕宗天皇の治世（四八五年～四八七年）とは隔たりがありますが、本書の紀年復元から求められる顕宗天皇の治世（五〇四年～五〇六年）とは合致します。

■仁賢天皇陵（埴生坂本陵《はにゅうのさかもとのみささぎ》）

古市古墳群のボケ山古墳に治定されています。仁賢天皇の本名「億計《おけ》」がなまったものと考えられています。墳丘長約一二二メートルの前方後円墳で、六世紀前半の築造と推定されています。『日本書紀』の天皇の治世（四八八年～四九八年）とは一致しませんが、復元紀年では五〇七年から五一七年となり、年代もおおむね一致してきます。

■武烈天皇陵（傍丘磐坏丘陵）

顕宗天皇の埋葬記事との混同によるもので、真の武烈天皇陵は別にあると考えます。また、現在治定されている陵墓も陵形は「山形」とされ、古墳であったとしても前方後円墳でないことは確かなようです。

■継体天皇陵（三嶋藍野陵《みしまのあいののみささぎ》）

宮内庁の治定では大阪府茨木市の太田茶臼山古墳《おおだちゃうすやまこふん》に治定されています。しかし、この古墳は五世紀半ばの築造とされ、継体天皇の年代とは半世紀〜一世紀近くの開きがみられます。現在では、そこから一キロメートル余りのところにある高槻市の今城塚古墳《いましろづかこふん》が真の継体天皇陵とみられています。墳丘長約一九〇メートルの前方後円墳で、宮内庁管理下の古墳ではないため詳細な発掘調査が行われ、ほぼ間違いないだろうという結果が得られています。六世紀前半の築造とされ、継体天皇崩御年の五三一年とも合致しています。継体天皇以降は、『日本書紀』と本書の復元紀年の天皇崩御年が一致してきます。

■安閑天皇陵（古市高屋丘陵《ふるいちのたかやのおかのみささぎ》）

古市古墳群の高屋築山古墳《たかやつきやまこふん》に治定されています。墳丘長約一二二メートルの前方後円墳で、六世紀初頭の築造と考えられています。安閑天皇の崩御年五三五年とは年代に食い違いがみられます。『日本書紀』には、皇后の春日山田皇女と天皇の妹の神前皇女《かんさきのひめみこ》も合葬したと記されています。宮内庁の治定では、高屋築山古墳に安閑天皇と神前皇女が合葬され、近くにある高屋八幡山古墳が春日山田皇女の陵とされています。

■宣化天皇陵（身狭桃花鳥坂上陵《むさのつきさかのえのみささぎ》）

奈良県橿原《かしはら》市の鳥屋ミサンザイ古墳に治定されています。墳丘長約一三〇メートルの前方後円墳で、六世紀前半の築造とされています。宣化天皇の崩御年五三九年とも合致します。

■欽明天皇陵（檜隈坂合陵《ひのくまのさかあいのみささぎ》）

奈良県の明日香村にある平田梅山《ひらたうめやま》古墳に治定されています。墳丘長約一四〇メートルの前方後円墳です。しかし、この古墳から約八〇〇メートルのところにある見瀬丸山《みせまるやま》古墳が真の欽明天皇陵ではないかという説が有力です。見瀬丸山古墳は墳丘長約三一八メートルで奈良県最大、日本でも六位の巨大前方後円墳です。六世紀後半の築造と考えられています。また、江戸時代の記録で、石室内にふたつの家型石棺があることがわかっています。『日本書紀』は、推古天皇二〇年（六一二年）に欽明天皇陵である檜隈大陵《ひのくまのおおみささぎ》に欽明天皇の妃《みめ》であり推古天皇の母である堅塩媛《きたしひめ》を改葬したと記しています。この記事とも整合しますし、『日本書紀』はわざわざ「大陵」と陵墓の大きさを強調しています。

筆者も、見瀬丸山古墳を真の欽明天皇陵であろうと推測します。

武烈天皇に近い年代の天皇の陵墓を概観しました。

このなかで違和感を覚える古墳、間違いを疑われる古墳がひとつあります。高屋築山古墳です。安閑天皇陵に治定されている古墳です。

なぜ、安閑天皇の陵墓が古市古墳群にあるのでしょうか。

安閑天皇の父である継体天皇は応神天皇の五世孫ではありますが、古市に古墳を造っていた皇統とは明らかに異なる系統の天皇（大王）であるといえます。

そして、自身は淀川流域の三嶋の地に陵墓を築造しています。天皇となった三人の子のうち、ほかの宣化天皇と欽明天皇は大和の地に陵墓を築いています。

そんななかで、安閑天皇が前皇統の墓地である古市古墳群内に陵墓を築造する可能性は、ゼロとはいいませんがかなり低いと思われます。

また、二王朝の並立を想定すれば、継体天皇が実質的に天皇となるのは治世二〇年（五二六年）に大和の磐余玉穂宮に遷ってからだと考えられます。

すると、安閑天皇の陵墓が築造され始めるのはそれ以降と考えなければなりません。

高屋築山古墳は六世紀初頭の築造と推定されていますから、年代の不一致は明白です。

以上のことから、高屋築山古墳を安閑天皇陵とする治定は間違いであると考えます。

高屋築山古墳には誰か別の天皇が眠っていて、安閑天皇陵は別のところにあるということになります。

すると、高屋築山古墳の被葬者として名前があがってくるのが武烈天皇です。

前章で検証しましたが、安閑天皇の皇后と武烈天皇の皇后は混同されている可能性があります。春日皇女（春日山田皇女・春日娘子）は武烈天皇の皇后であり、安閑天皇の皇后は山田赤見皇女（山田皇后）だったと推定しました。すると、安閑天皇の埋葬に際して皇后の春日山田皇女の合葬を記しながら、のちの欽明天皇即位前紀に天皇の候補者として山田皇后の名前があがるのも納得できます。

これは都合のよい解釈になりますが、古くは、古市の地に武烈天皇と皇后が合葬されたという伝承があったものが、安閑天皇および皇后との混同によって安閑天皇陵と認識されていった可能性もあると思います。

では、真の安閑天皇陵はどこに築かれたのでしょうか。

これには詳細な検討が必要ですが、ひとつの候補として河内大塚山古墳《かわちおおつかやま》が該当するのではないかと考えます。

六世紀後半の築造と考えられているので、安閑天皇の崩御年（五三五年）とはズレがありますが、墳丘長約三三五メートルという全国第五位の巨大前方後円墳です。

河内大塚山古墳は百舌鳥《もず》古墳群と古市古墳群の中間という不思議な位置にあります。

これも、継体天皇が大和に入って実質即位したあとに、子孫の新たな墓地を求めてこの地に巨大古墳を築造したと考えれば辻つまが合うのではないでしょうか。

また、河内大塚山古墳の墳形はいわゆる剣菱形といわれる前方部が少し外に角ばっている形状をしています。これは真の継体天皇陵とされる今城塚古墳や真の欽明天皇陵とされる見瀬丸山古墳と共通しています。それも安閑天皇陵である可能性を示唆していると思います。

さて、以上の比定ですっきり腑に落ちるかというと、高屋築山古墳を武烈天皇陵と決めてよいのかということに、どうしてもモヤモヤ感が残るのです。

その原因は清寧天皇陵とされる白髪山古墳の形状と築造年代です。

六世紀前半とされる築造年代と清寧天皇の崩御年（『日本書紀』：四八四年／『原日本紀』：五〇三年）に隔たりがあることは先にも触れましたが、墳丘の形状も非常に気になるのです。

前方後円墳は一般的に時代が降るほど、前方部が大きくなることが知られていますが、この白髪山古墳の前方部は極端に大きいのです。前方部の幅（約一二八メートル）は後円部の直径（約六三メートル）の二倍にも達しています。墳丘長一一五メートルをも上回るという特殊な墳形なのです。

これを、古市古墳群の墳形の最終進化形だと考えれば、そこを墓地とした皇統の最後の天皇である武烈天皇の陵墓と比定しなければならないのではないかと思うのです。

そこで、六世紀初頭築造の高屋築山古墳を清寧天皇陵と比定し、六世紀前半築造の白髪山古墳を武烈天皇陵と比定し直そうと思います。

白髪山古墳に隣接して同じ向きで築かれた小白髪山古墳があります。全長約四六メートルの前方後円墳で、白髪山古墳と同時期の築造と推定されています。それが武烈天皇の皇后であった春日娘子の墓であると考えるのはロマンに走りすぎでしょうか。

これは筆者の仮説となりますが、仲哀天皇陵である津堂城山古墳から始まった古市古墳群は、武烈天皇陵である白髪山古墳をもって終焉を迎えたということになります。

もちろん、白髪山古墳自体における合葬の痕跡や、小白髪山古墳から皇后の痕跡などが見つからない限り立証されることのない仮説ではありますが、二王朝並立を想定すれば天皇陵古墳に眠る被葬者の比定もこのように変わってくるという事例として考察してみました。

磐井の乱の新解釈

次は、日本の六世紀最大の謎といえる磐井《いわい》の乱を、二王朝並立という視点から再検討してみたいと思います。

まず、一般論としての磐井の乱をみておきます。

継体天皇の治世二一年六月三日、継体天皇の命を受けた近江毛野臣《おうみのけなのおみ》が六万の兵を率いて任那へ向かいます。新羅に奪われた南加羅《ありひしのから》・喙己呑《とくことん》を回復するための出兵でした。

しかし、筑紫国造磐井《つくしのくにのみやつこいわい》が火国《ひのくに》（肥前・肥後）と豊国《とよのくに》（豊前・豊後）をおさえたうえで、対外的な海路を封鎖して高麗・百済・新羅・任那からの朝貢船を騙し取るとともに、毛野臣の進軍を遮ります。

磐井は以前から反乱の機をうかがっていたのですが、それを知った新羅が密かに賄賂《わいろ》を送って毛野臣の進軍を妨げるように求めていたのです。

この磐井の反乱によって作戦が挫折した天皇は、大伴大連金村《おおとものおおむらじかなむら》・物部大連麁鹿火《もののべのおおむらじあらかい》・許《こ》勢大臣男人《せのおおおみおひと》らに詔《みことのり》して反乱鎮圧の適任者を尋ねます。

物部麁鹿火が選ばれ、同意した天皇は八月一日、麁鹿火を磐井討伐の大将軍《おおいくさのきみ》に任命します。

このとき、継体天皇は「長門より東は私が治めるが、筑紫より西はお前が治め、伺いをたてることなく自由に賞罰を行え」とまでいっています。

勇躍、出陣した物部麁鹿火ですが、磐井軍も強力だったのでしょうか、決着するのは翌年の継体天皇二二年一一月です。

その間の戦況はまったく何も記されていませんが、一一月一一日に麁鹿火と磐井は筑紫の御井郡《みいのこおり》（三井郡）で交戦します。

この日も両軍は激しく戦いますが、ついに磐井が斬り殺されて反乱は鎮圧されます。

しかし、これによって磐井の一族が抹殺されることはなく、翌一二月には、磐井の子の筑紫君葛子《つくしのきみくずこ》が糟谷屯倉《かすやのみやけ》を献上して死罪を免除されるよう願い出ています。

以上が、『日本書紀』の記す磐井の乱の概略です。

磐井の乱については、『釈日本紀《しゃくにほんぎ》』にある『筑後国風土記』逸文も言及しています。

そこでは、古老の言い伝えとして「継体天皇の治世、筑紫君磐井は天皇に従わなかった。朝廷軍が突然襲ってきて、勝てないと知った磐井は豊前国上膳県《とよくにのみちのくちかみつみけのあがた》に逃げうせた。追撃したが見失った朝廷軍は怒りが収まらず、磐井が生前に築造していた墓にある石人《せきじん》の腕を打ち折り、石馬《せきば》の頭を打ち落とした」と記されています。

以上のようなことから、「磐井は、新羅と結んで継体天皇に反逆したので、物部麁鹿火を大将軍とする大和朝廷軍によって誅殺された」という磐井の乱のイメージが定着しています。

そのうえで、磐井は何が不満だったのだろうという反乱の原因探しなどが行われてきました。

これと関連して、『筑紫国風土記』逸文が別に記している磐井墓および衙頭《がとう》と呼ばれる場所の様子が、別区《べっく》に石人・石馬・石盾《せきじゅん》などを並べた岩戸山古墳《いわとやまこふん》とぴたりと合致することから、岩戸山古墳が磐井の墓であろうと推定され、これは強固な定説となっています。

では、二王朝並立説の立場から磐井の乱をみると、そのイメージはどのように変わってくるでしょうか。

繰り返しになりますが、継体天皇一九年イコール武烈天皇八年（五二五年）まで続いた王朝並立は、武烈天皇の崩御により幕を閉じます。

翌継体天皇二〇年（五二六年）に天皇が大和の磐余玉穂宮《いわれのたまほのみや》に遷宮して、実質的な継体天皇朝がスタートします。

継体天皇は応神天皇の五世孫ですが、武烈天皇まで続いた大和の皇統からみれば異なった皇統といえます。つまり、五二六年に皇統は一新されるわけです。ただし、念のために付記しますが、これを異民族による征服王朝などと捉えるのではなく、あくまでも皇統内での権力の移動だったと考えています。

さて、そうであれば「九州の磐井は、大和における実質的な継体王朝の誕生という変革に巻き込まれて殺されたのではないか」というのが本書の新解釈です。

そう考える理由を列挙していきましょう。

(1)乱の発生時期

磐井の乱が起きたのは継体天皇二一年（五二七年）の六月です。

武烈天皇は治世八年（五二五年）一二月に崩御され、継体天皇は治世二〇年（五二六年）九月に大和の磐余玉穂宮に入ります。

まさに新体制発足直後といってよい時期に、磐井の乱は発生しているのです。

(2)乱の原因

『日本書紀』によれば、磐井の乱の直接原因は、磐井が新羅と結んで毛野臣の進軍を阻んだことであるとされています。

しかし、近江毛野臣の派遣は二年後の継体天皇二三年（五二九年）三月にも行われています。その目的は同じく南加羅・㖨己呑の回復であり、任那領域の国である安羅《あら》に遣わされています。

そして、継体天皇二一年（五二七年）の毛野臣の軍勢は六万人とされています。いかに磐井の勢力が強かったとはいえ、六万の兵の行軍を止められるとは思えません。

この進軍阻止の話は、磐井を悪者にするために転用された創作であり、実際には磐井誅殺後に毛野臣が任那へ派遣されたと考えてよいのではないでしょうか。

(3)磐井の勢力範囲

磐井は火国（肥前・肥後）と豊国（豊前・豊後）をおさえたとされますが、これほど広範な地域を短期間でおさえることは不可能です。また、海路を封鎖したという記事もありますが、これも一朝一夕にできることではありません。

つまり、磐井は長い年月をかけて九州北中部一帯を率いる首長となり、朝鮮半島との交易ルートも手に入れていたと推測できます。

それは、継体天皇の新体制ができるより以前のことです。けっして反乱を機に一帯をおさえたのではなく、段階を踏んで成し遂げられていったものだと考えられます。

それは、継体天皇以前の大和の天皇朝は、必ずしも磐井の勢力とは敵対していなかったということを意味します。

(4)磐井の逃走ルート

『日本書紀』は磐井が御井郡で討ち取られたとしますが、『筑後国風土記』逸文では豊前方面へ逃げ、逃げおおせたと記しています。

ではなぜ、磐井は南や西の方面に逃げずに、東の豊前へ逃げたのでしょう。単に、背後の山へ逃げ込んだという見方もできると思います。しかし、想像を逞しくすると豊前に逃げると助かる可能性があったと考えられないでしょうか。『筑後国風土記』逸文では、磐井は突然、にわかに襲われています。反撃の態勢なども整っていなかったはずです。そうであれば、豊前に強力な配下や協力者がいて、そちらへ向かって逃げた可能性も十分にあると思います。

以上のことから類推すれば、磐井勢力伸長の画期は特定できませんが、大和で仁賢天皇、武烈天皇が在位していた時期（五〇七年～五二五年）には、九州北中部一帯をまとめる勢力となっていて、朝鮮半島との交易も取り仕切っていた可能性が高いと思われます。そして、実際に筑紫国造という役職に就いていたかどうかは別として、大和の王朝と良好な関係を保っていたと考えられます。もちろん大きな権益も約束されていたと思います。

ところが、五二五年に武烈天皇が崩御し、翌五二六年に大和で継体天皇朝が誕生します。

従来からの多くの氏族は継体天皇に忠誠を誓ったでしょう。

しかし、九州の磐井は継体天皇に従わなかったのではないでしょうか。

これは憶測の域を出ませんが、仁賢天皇・武烈天皇朝は新羅寄りだったが、継体天皇朝は百済寄りだったというようなこともあったかもしれません。実際、磐井の逃げた豊国には秦王国《しんおうこく》なるものがあり、秦氏《はたうじ》は新羅系の渡来人であったという説が有力とされています。それなら、磐井が継体天皇への服属をためらったのも納得できます。

先の磐井の乱の概略では言及しませんでしたが、磐井と近江毛野臣が対峙したとき、磐井は「いまでこそ、おまえは（継体天皇の）使者となっているが、昔は肩を寄せあい同じ釜の飯を食った仲ではないか。なぜ、にわかに使いとなって我を従わせようとするのか」と述べています。ここだけを読めば、毛野臣はこのとき任那に派遣されたのではなく、磐井に服従を進言しに来たようにも読めます。少しわかりにくい文脈となっていますが、ふたりがついこの間まで味方同士だったにも拘《かか》わらず、何らかの理由で敵となってしまったことは明らかなようです。ニュアンス的には、磐井の立ち位置は従来と変わらず、毛野臣のほうが現天皇（継体天皇）に寝返ったように読めます。

また、磐井の乱は磐井側が反旗を翻したものではなく、継体天皇側が一方的に磐井の権益を奪い取ろうと考えた可能性もあります。それは、天皇が物部麁鹿火に発した言葉にも伺えます。

「筑紫より西はお前が治め、伺いをたてることなく自由に賞罰を行え」という言葉です。これは、麁鹿火に磐井の後釜に座れと言っているようにも聞こえます。磐井の墓とされる岩戸山古墳の別区では、盗人を裁いている光景が再現されていたと考えられていますから、磐井の乱以前の九州、少なくとも火国と豊国では磐井が大王のように振る舞うことを許されていたのかもしれません。

このように考えれば、「磐井は『日本書紀』が記すように新羅の要請に応えて反乱を起こしたわけではなく、九州の直接統治と中国・朝鮮半島との交易権奪取を目論む継体天皇から一方的に攻撃され権益を奪われた」というのが、歴史の真実だったという新解釈も成立するのではないかと考えます。

この項の最後に、磐井が豊前方面に逃げた件に関連して、興味深い古墳があることに触れます。

福岡県行橋《ゆくはし》市にある八雷《はちらい》古墳です。墳丘長約七四メートル、周濠まで含めると約一〇

図表8-1　白髪山古墳と八雷古墳

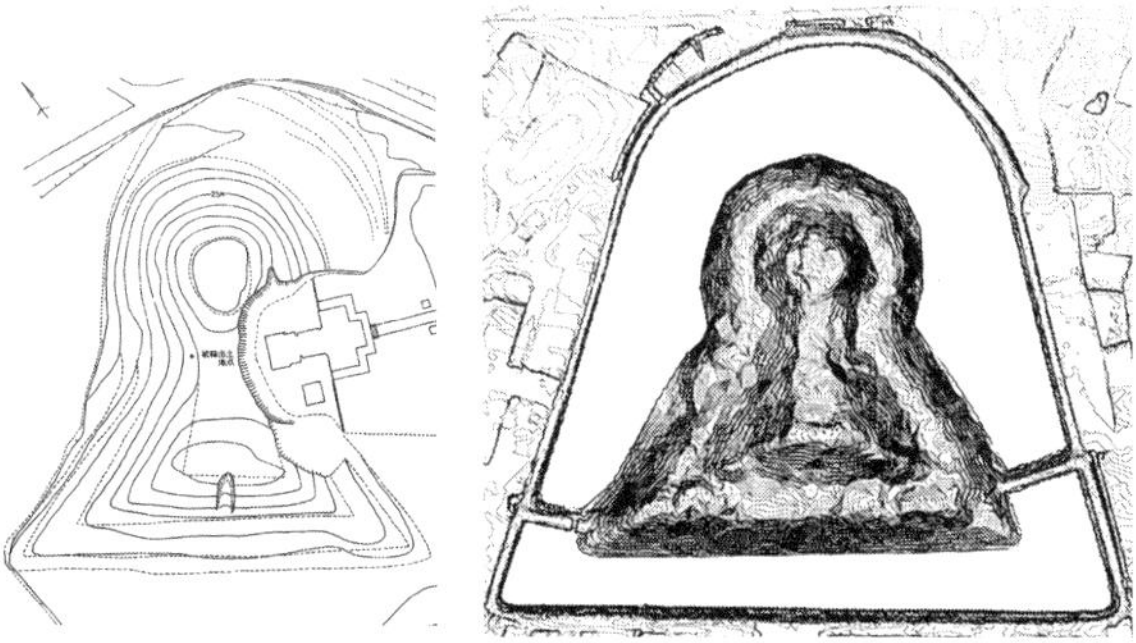

八雷古墳　　白髪山古墳

八雷古墳は『八雷古墳―福岡県行橋市所在古墳の調査―』（行橋市教育委員会、1984）から引用のうえ改変。白髪山古墳は『古市古墳群測量図集成』（古市古墳群世界文化遺産登録推進連絡会議、2015）から引用のうえ改変

○メートルの前方後円墳です。築造時期は六世紀前半と考えられています。

この八雷古墳は、前方部が大きく発達した特異な形状をしていて、古市古墳群の白髪山古墳と相似形の古墳なのです(図表8－1)。

白髪山古墳は、前項で真の武烈天皇陵ではないかと比定した古墳です。その古墳と相似した古墳が、磐井の乱の頃に畿内から遠く離れた豊前の地に築かれているのです。

磐井の乱より前の築造と考えれば、磐井が北中部九州に権勢をふるっていた時期に、その一部ともいえる豊前に武烈天皇と非常に関係の深い人物がいたということになります。

磐井は、この人物を通して大和の王朝と良好な関係を保っていたのではないでしょうか。

新説！　仏教公伝五四五年説

本書の最後に、日本にいつ仏教が伝わったのかについて、新説を提示してみます。

これは、二王朝並立が『原日本紀』を経て『日本書紀』となる編纂《へんさん》過程からみえてきた新説です。

日本は仏教国といってよいでしょう。

多くの宗派に分かれ、人それぞれ信仰の強弱もさまざまですが、ほとんどの日本人は仏教徒といってよいと思います。

しかし、仏教は日本で生まれたものではありません。紀元前五～六世紀頃のインドで、お釈迦様（ゴータマシッダールタ）を開祖として始まったとされています。

その後、大きな流れとしては中国に伝わり、朝鮮半島を経由して日本に伝来しました。

伝来時期についてはおおむね六世紀中頃であろうという認識は一致していますが、具体的な年次についてはいくつかの説があります。

「仏教伝来」とは、百済から日本の王朝（王権）への公的な伝来（公伝《こうでん》）を指しますが、それ以前にも私的な流入があったことがわかっています。

『扶桑略記《ふそうりゃっき》』は、継体天皇一六年（五二二年）二月に入朝した司馬達等《しばたっと》（達止）が大和国高市郡《やまとのくにのたけちのこおり》に本尊を安置して「大唐の神《もろこし》」を礼拝したと記しています。

そして、これに続く仏教の「公伝」については、主にふたつの説があります。

五五二年説と五三八年説です。

まず、五五二年説ですが、その根拠は単純明快です。『日本書紀』にそのように書かれているからです。

五五二年は『日本書紀』紀年では欽明天皇の治世一三年にあたります。欽明天皇一三年条に次のように記されています。

（欽明天皇一三年条）

冬十月、聖明王《せいめいおう》は西部姫氏達率怒唎斯致契《せいほうきしたつそつぬりしちけい》らを遣わして、釈迦仏《しゃかほとけ》の金銅像一軀《かねのみかたひとはしら》・幡蓋《はたきぬ》若干《がさそこら》・経論若干巻《きょうろんそこらのまき》をたてまつった。別に上表し、仏を広く礼拝する功徳《のりわざ》をのべて、「この法《みのり》は諸法《もろもろののり》の中で最も勝れております。解《さと》り難く、入《い》り難くて、周公《しゅうこう》・孔子《こうし》もなお知り給うことができないほどでしたが、無量無辺《むりょうむへん》の福徳果報《いきおいむくい》を生じ、無上の菩提《ぼだい》を成し、譬《たと》えば人が随意宝珠《ずいいほうしゅ》（物事が思うままになる宝珠）を抱いて、なんでも思い通りになるようなものです。遠く天竺《てんじく》（インド）から三韓《みつのからくに》に至るまで、教《みのり》に従い尊敬されています。それ故百済王の臣明《やつがれめい》は、つつしんで陪臣《はべるまえつきみ》の怒唎斯致契《ぬりしちけい》を遣わして朝《みかど》に伝え、国中に流通《あまねはさむ》させ、わが流れは東に伝わらんと仏がのべられたことを、果たそうと思うのです」といった。（『日本書紀　全現代語訳（下）』より引用）

このように『日本書紀』が欽明天皇一三年（五五二年）条に詳しく仏教の伝来を記していることが、五五二年説の論拠です。

日本の正史である『日本書紀』が仏教公伝は五五二年だと明記しているのですから、まずはそれを信じるのが本筋であろうというのは当然の流れです。

　では、もうひとつの五三八年説のほうはどうでしょう。

　五三八年説は、『上宮聖徳法王帝説《じょうぐうしょうとくほうおうていせつ》』と『元興寺伽藍縁起《がんごうじがらんえんぎ》』というふたつの文献が論拠となっています。

　『上宮聖徳法王帝説』は、「志癸嶋天皇《しきしまのすめらみこと》（欽明天皇）の戊午《ぼご》年一〇月一二日に、百済の明王がはじめて仏像、経教《きょうぎょう》および僧等を奉った」と記しています。

　『元興寺伽藍縁起』は、「斯帰嶋宮《しきしまのみや》で天下を治めた天国案春岐広庭天皇《あまくにおしはるきひろにはのすめらみこと》（欽明天皇）の戊午年一二月に、百済の聖明王が太子像《たいしのみかた》、灌仏之器一具《かんぶつのうつわひとそろえ》、および説仏起書巻一筐《せつぶつきしょのまきひとはこ》を送り届けた」と記しています。

　両書とも、百済の聖明王が仏像などを奉ったのは、欽明天皇の「戊午（ぼご／つちのえうま）」年だと記しています。

　ところが、欽明天皇の治世である西暦五四〇年から五七一年の間に戊午年はありません。もっとも近い戊午年は五三八年です。『日本書紀』では宣化天皇の治世とされています。

　しかし、異なるふたつの文献が同じように「欽明天皇の戊午年」としていることから、そこに信憑性を認めるのが五三八年説です。

そこから論を進展させた、「五三八年はすでに欽明天皇の治世だった」という説も有力視されています。

このように仏教公伝には、五五二年説と五三八年説というふたつの説があります。どちらも絶対的な論拠を示すことはできておらず、まだ結論は出ていないというのが現状です。

そこで、本書では『原日本紀』仮説に基づく新説を提示してみたいと思います。

それは、「仏教公伝五四五年説」です。これは最後までお読みいただくと決して偶然でないことが判明しますが、五三八年と五五二年のちょうど真ん中の年ということになります。

『日本書紀』の五四五年（欽明天皇六年）九月条にこのような記事があります。

この月、百済は丈六《じょうろく》の仏像を造った。願文《がんぶん》を作って「丈六の仏を造ると功徳《のりわざ》は広大であると聞く。今恭《うやうや》しくお造り申し上げた。この功徳によって天皇が優れた徳を得られ、天皇の治められる諸国が、幸いを受けることを願いたい。また天下の一切衆生《いっさいしゅじょう》が、業《ごう》苦《く》を脱することを祈願して、お造り申し上げる」といった。（『日本書紀　全現代語訳（下）』より引用）

この記事が仏教公伝と結びつけて語られることはありません。

しかし、百済王が日本の天皇のために丈六（一丈六尺＝約四・八五メートル）の仏像を造ったのです。それを欽明天皇に奉ったのであれば「公伝」といってよいでしょう。

そして、何より不思議なことは、この仏像がその後どうされたのかは何も記されていないのです。

そこで、この記事は、先に見た『日本書紀』五五二年（欽明天皇一三年）一〇月条の記事と一対だったのではないかと考えるのが、今回の新説の出発点です。

つまり、九月に仏像を造り、一〇月に怒唎斯致契らを遣わして仏像を献上したという五四五年にあった一連の出来事だったと考えるのです。巨大な仏像を一ヶ月で移送できたのかというような疑義はここでは不問とします。

本書では、『原日本紀』段階で天武天皇の意向によって実際の歴史にふたつの改変が加えられたと推測しました。倭の五王の中国王朝への遣使朝貢の隠ぺいと、並立していた継体天皇朝と仁賢・武烈天皇朝の直列化です。

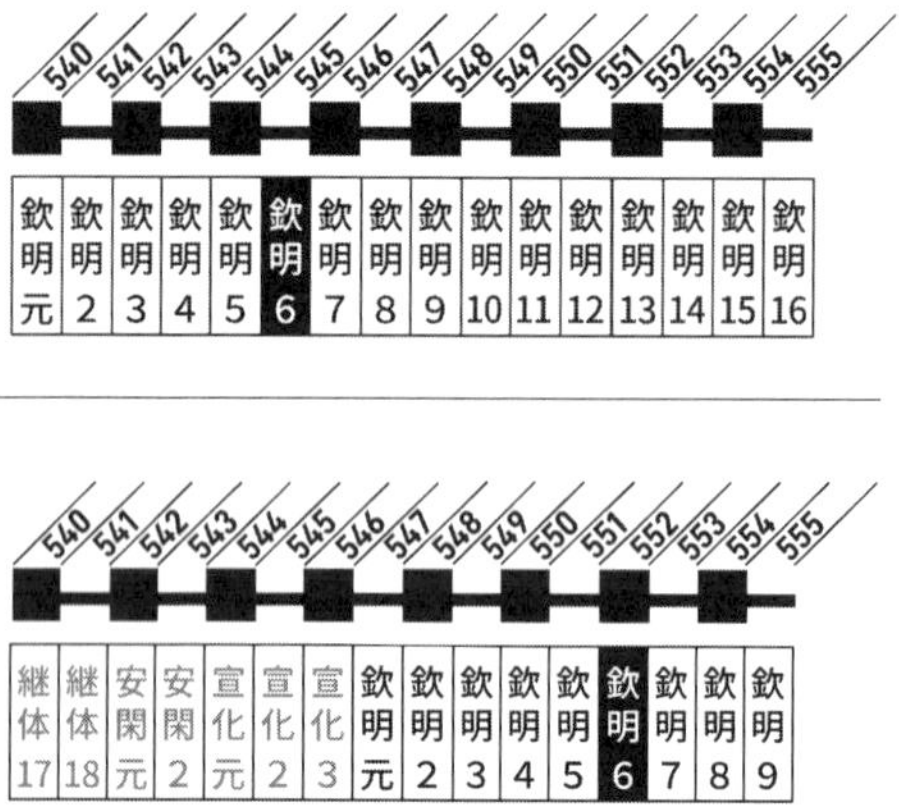

540	541	542	543	544	545	546	547	548	549	550	551	552	553	554	555
欽明元	欽明2	欽明3	欽明4	欽明5	欽明6	欽明7	欽明8	欽明9	欽明10	欽明11	欽明12	欽明13	欽明14	欽明15	欽明16

540	541	542	543	544	545	546	547	548	549	550	551	552	553	554	555
継体17	継体18	安閑元	安閑2	宣化元	宣化2	宣化3	欽明元	欽明2	欽明3	欽明4	欽明5	欽明6	欽明7	欽明8	欽明9

仏教公伝年次の問題については、後者の二王朝並立の調整が重大な影響を与えたと考えられます。真実の仏教公伝年である五四五年は、『原日本紀』を経て現在の『日本書紀』となる過程で「ゆらぎ」を生じたと推察できるのです。

では、その経緯をみていきましょう。

まず、筆者が歴史の真実と考える伊藤式古代史編年表は図表8－2です。宣化天皇以降の紀年は現在の『日本書紀』と同じです。

図表8-2　伊藤式古代史編年表の欽明天皇6年

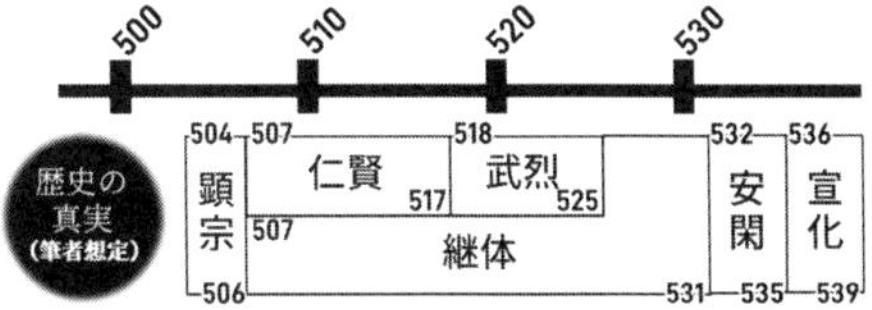

図表8-3　『原日本紀』編年の欽明天皇6年

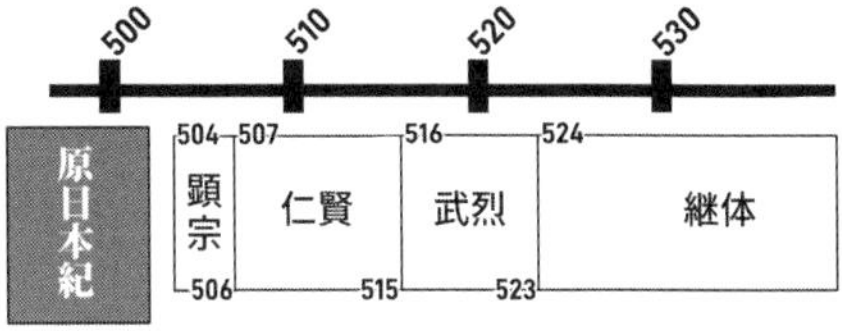

その欽明天皇六年（五四五年）に、百済の聖明王が丈六の仏像を造り、怒唎斯致契らが来朝して欽明天皇に献上したと仮定します。

ここでは継体天皇朝と仁賢・武烈天皇朝は並立状態となっています。

しかし、そこから『原日本紀』を編纂する段階で二王朝並立を直列化します。その調整は仁賢天皇即位五〇七年から欽明天皇崩御五七一年の間で行われました。しかし、単純に継体天皇を武烈天皇の後ろに移動させて直列化すると、並立の重なった一九年があるため欽明天皇崩御年は五九〇年に移動してしまいます。そこで、この間の天皇の治世を合計一九年縮める方法が採られました。仁賢天皇の治世は一一年が九年に、継体天皇の治世は二五年が一八年に、安閑天皇の治世は四年が二年に、宣化天皇の治世は四年が三年に、欽明天皇の治世は三二年が二五年とされました。合計で一九年です。問題となる欽明天皇の治世は『原日本紀』において実際の治世から七年短縮されました。その年表を示すと図表8－3のようになります。

さて、問題の欽明天皇六年はどうなっているでしょうか。

欽明天皇の元年は五四七年に移動し、その六年目は五五二年に移動しています。

そして、ここで問題となるのが紀年の移動によって「動く記事」と「動かない記事」があるということです。この判断が客観的かどうかは読者の判断に委ねるしかありませんが、『原日本紀』編纂者は日本国内の記録による記事は当然動かしたでしょうが、中国・朝鮮半島史書からの記事は動かさなかったのだと推察します。それを動かしてしまうと、外国に対して『原日本紀』イコール「日本の国史」自体の信憑性を疑われてしまうからです。

それで、五四五年の「百済王が丈六の仏像を造った」という記事は、五四五年（乙丑《いっちゅう》年）に残り、後半の「怒唎斯致契らが来朝して欽明天皇に仏像を献上した」という記事は欽明天皇六年という紀年とともに五五二年（壬申年《じんしん》）に移動したのだと考えます。

おそらく前者は『百済本記』（現存せず）からの記事であり、後者はいわゆる『帝紀』からの記事だったのだろうと思います。

さて、問題は仏教公伝の年です。

この記事の分割により、『原日本紀』時点で五四五年（乙丑年）と五五二年（壬申年）というふたつの「仏教公伝年」が生じます。天皇の治世で言うと、宣化天皇二年と欽明天皇六年ということになります。

『原日本紀』の編纂段階において、仏教公伝の年がふたつできてしまいましたが、『原日本紀』はこの状態で撰上されることはなく、天武天皇崩御後の持統天皇朝において紀年延長操作などがスタートします。

その第一段階として、仁賢天皇から欽明天皇の治世において間引かれ短縮されていた治世年数一九年が復元されます。

それは、王朝並立状態に戻すのではなく直列のまま復元されますから、仁賢・武烈天皇朝は継体天皇朝の元年である五〇七年の前に追いやられますが、継体天皇朝以降は実年代に復元されるということになります（一二五ページの図表6-1）。

欽明天皇の即位年は五四七年から五四〇年に戻されます。それと同時に五五二年の仏教公伝記事も五四五年に戻されていたら問題は生じなかったのだと思います。

しかし、何らかの理由により戻されなかったのです。

ひとつの原因として、編纂体制の変更が考えられます。編纂当初に筆頭に名前が挙がっていた川嶋皇子は持統天皇五年（六九一年）に薨去しますし、実際の述作者も当初の中臣連大嶋・平群臣子首から渡来人の続守言や薩弘格に変更されています。その引き継ぎがうまくいかなかったことにより、認識のずれが生じたのかもしれません。

原因はどうあれ、結果として五五二年の仏教公伝の記事は、後日談とともに欽明天皇一三年（五五二年）条に残ることになりました。

後日談というのは、蘇我氏と物部氏の対立です。いわゆる崇仏論争といわれるものです。

百済から仏像が届いて仏教を受け入れるかどうか迷った欽明天皇は、崇仏派の蘇我稲《そがのいな》目《め》に仏像を委ねます。

しかし、その後国内に疫病が流行して多くの人々が死んでいきます。そこで、物部尾《もののべのお》輿《こし》が「昔日に私の提案を採用されなかったからこのような疫病が蔓延したのです。いまからでも遅くないので仏像や経典を捨ててしまいましょう」と奏上します。天皇はそれを認め、仏像は難波の堀江に捨てられ、伽藍《がらん》（寺）は焼かれたという話です。

ここで注目しなければならない重要なことは、この廃仏が行われたのが、百済から仏像の届いた仏教公伝の年ではないということです。当時、疫病が一月ほどで爆発的に広まり多くの人が死ぬことはないでしょうし、物部尾輿も欽明天皇が蘇我稲目に仏像を与えたのを「昔日」のことと語っています。

つまり「蘇我稲目へ仏像を授けた」話と「物部尾輿の奏上により廃仏した」話は明らかに異なる年次の話であり、それが欽明天皇一三年条に合体した形で記されているのです。

この疫病による廃仏というのは、後世の敏達天皇《びたつてんのう》の治世にも蘇我馬子《そがのうまこ》と物部守屋《もののべのもりや》の対立として記されていますからその転用という可能性もあります。しかし、欽明天皇の治世にも疫病の流行があったのだとしたら、蘇我稲目が五四五年に仏像を崇拝してから数年のあいだの出来事、すなわち欽明天皇の治世一三年ごろまでの出来事であった可能性も十分にあります。それが、五五二年に移動していた仏教公伝と関連付けられて欽明一三年条に残ってしまったのだと推測します。

さて、もうひとつの仏教公伝年である五四五年です。宣化天皇二年となってしまっている五四五年です。百済の聖明王が欽明天皇に献上するための丈六の仏像を造ったという、この年はどうなったでしょうか。

新しい『日本書紀』編纂者たちも、この記事が『百済本記』からの引用であると認識していたようです。欽明天皇六年に正しく復元しています。正しくというのは、紀年の移動とは関係なく五四五年に固定しているという意味です。

しかし、「歴史の真実」から『原日本紀』を経て『日本書紀』に至る編纂経緯を中途半端に知っている周辺の人々は仏教公伝の年次をどのように考えるでしょう。「欽明天皇の治世は『原日本紀』の段階で七年分間引いて短縮されたあと、『日本書紀』によってその七年が正しく復元された」と知っていれば、『原日本紀』で五四五年（乙丑年）とされていた仏教公伝年を七年さかのぼらせて考えるのではないでしょうか。

乙丑年の七年前は戊午《ぼご》年（五三八年）です。

そして、「仏教公伝は欽明天皇の治世のことである」「丈六の仏像は百済の聖明王から欽明天皇に贈られた」ということが周知の事実であったならどうなるでしょう。
仏教公伝は、「欽明天皇の戊午《ぼご》年である」と誤認する人が現れても不思議ではないと考えます。

以上が、仏教公伝五四五年説の概要です。
『原日本紀』仮説に基づく『日本書紀』の編纂過程を想定すると、五四五年という仏教公伝年が前後に揺らぎ、結果的に『日本書紀』では五四五年と五五二年に分割されて、五四五年に丈六の仏像製造記事が記され、五五二年に欽明天皇への仏像献上記事が記されることになります。

一方、周辺にいて編纂経緯を知っている外部の人のなかでは誤認によって「仏教公伝年」というシンボリックな年だけが独り歩きして、『原日本紀』の丈六の仏像製造記事から七年前の五三八年へさかのぼります。そして、その年次が『上宮聖徳法王帝説』や『元興寺伽藍縁起』に採用されていったのではないかと推察します。

すなわち、五五二年説と五三八年説は、五四五年という仏教公伝年が前後に七年ずつ揺らいだ結果生じたものであると考えます。

おわりに

最後までお読みいただき、ありがとうございました。

本書では、『原日本紀』仮説による無事績年削除短縮法という、紀年論への新しいアプローチ法について論じました。

『日本書紀』編纂《へんさん》過程における初期段階に、『原日本紀』という一年の欠落もない編年体の史書が存在したというのが、本書の主旨です。

『日本書紀』における允恭天皇と仁徳天皇の治世が、無事績年を除いた『原日本紀』の治世年の正しく三倍となっていること、崇神天皇の治世が正しく四倍となっていることなどをみれば、少なくともそのような原史料が存在したことは疑いようがないと思います。

そして、『原日本紀』を想定すれば、わずか一九年の第二期無事績年が不可解な存在となって浮かび上がってきます。大量の無事績年を挿入（創出）して大幅な紀年延長を実現した第一期無事績年とは明らかに異なる段階で生じているからです。

そこで、筆者は継体天皇朝と仁賢・武烈天皇朝の一九年間の並立を仮定してみました。

その根拠には多くの異論もあると思われますが、それにより第二期無事績年の発生経緯が合理的に説明できることはご理解いただけたと思います。

そして、二王朝並立を想定すると、『日本書紀』の記事から読み取れることが一八〇度変わってきます。新たな歴史がみえてくるのです。


本書をお読みいただいた方に重ねてお伝えしたいことは、無事績年削除法の結論にしたがえば、紀年復元の定点と認識されるべき年は「允恭天皇崩御四五三年（『古事記』では四五四年）」ではなく「允恭天皇崩御四七二年」ということになるのです。

従来の紀年論が行き詰まっている最大の原因は、ここにあると考えています。

どういう経緯で生じたのか不明ですが、『古事記』に付記された崩年干支《かんし》が允恭天皇の崩御年を「甲午年《こうご》」と書いてしまったことが長い迷走のはじまりでした。

甲午年は四五四年に当たります。一方、『日本書紀』から求められる允恭天皇崩御年は四五三年です。両者に一致を見出し、それを定点としたいという気持ちが先走ってしまったのです。厳密に検証すれば、そこに一年のズレがあることは明らかです。また、次に崩年干支が示す雄略天皇の崩御年は「己巳《きし》年」です。それは四八九年に当たり、『日本書紀』による雄略天皇崩御年四七九年とは一〇年の違いがあるのです。

だから、本来、允恭天皇の崩年干支には大きな疑義が呈されてもよいはずだったのです。それなのに、倭の五王の復元に用いやすいという思惑だけで允恭天皇崩御四五四年という妄信が急激に通説化してしまったのです。

それをいまこそ改めるときだと、筆者は考えます。

『日本書紀』に無事績年が存在するのは動かしようのない事実です。そして、九〇〇年におよぶ第一期無事績年に続いて、無事績年のない四天皇の合計三四年の治世があり、その後に再びわずか一九年の第二期無事績年が現れるという構造になっているのも明白な事実なのです。そして、それは近年解明された暦法や区分論の研究結果とも相関関係が認められます。この『日本書紀』の紀年構造を考えることこそが、令和の紀年論のまずなすべきことではないかと考えます。

さて、本書の冒頭で、仁徳天皇の治世はいつだったのかという問いかけをしました。無事績年削除法で復元した原日本紀年表では、四二二年から四五〇年ということになります。しかし、それが歴史の真実かというとそうではないのです。天武天皇が求めた日本の正史『原日本紀』での編年がそうであったということが判明しただけなのです。天武天皇は倭の五王の遣使朝貢を隠ぺいしていますから、真実に近づくにはもう一歩踏み込んだ考察が必要なのです。それについては、また別稿にまとめることにします。

本書で提示した紀年復元法の妥当性については、読者のみなさまや先学諸氏のご判断に委ねるほかはありませんが、この復元紀年により、雄略天皇に関する一つの問題に解決策を示すことができるのではないかと考え、末尾に記すこととします。

〈倭王武の遣使朝貢年と上表文の整合性〉

四七八年に宋へ遣使朝貢した倭王武（雄略天皇）について、『宋書』は武の上表文を収載しています。そこには、「累葉朝宗不愆于歳（我が代々の一族は歳を間違えることなく朝貢してきました）」という文章や「奄喪父兄（にわかに父と兄を亡くし）」「諒闇

（喪に服している、服していた）」という文章が記されています。

この年代については『日本書紀』紀年に一定の信憑性を認める説が有力であり、それにしたがえば雄略天皇の治世は四五七年から四七九年となります。しかし、それを認めれば、雄略天皇は即位後二〇年も遣使朝貢せず最晩年になって初めて行ったという不可解な行動を是認せざるをえなくなります。さらに、『宋書』はその間、四六二年に倭王興への賜号記事も載せていますから、じつは『日本書紀』紀年との整合性もとれてはいないのです。

ところが、無事績年削除法の復元紀年を適用すれば、四七二年に父允恭天皇を、四七五年に兄安康天皇を立て続けに喪った雄略天皇が四七六年に即位（正確には四七五年一一月一三日に即位し、四七六年が治世元年となる）し、喪に服したのち、四七八年に速やかな遣使朝貢を行ったというように、『宋書』の記述と矛盾なく整合してくるのです。

主な参考文献

坂本太郎・家永三郎・井上光貞・大野晋校注『日本書紀㈠～㈤』（岩波文庫、一九九四～九五）

宇治谷孟『日本書紀　全現代語訳（上）（下）』（講談社学術文庫、一九八八）

宇治谷孟『続日本紀　全現代語訳（上）』（講談社学術文庫、一九九二）

中村啓信訳注『新版　古事記』（角川ソフィア文庫、二〇〇九）

石原道博編訳『新訂　魏志倭人伝他三篇』（岩波文庫、一九五一）

笠井倭人「上代紀年に関する新研究」『古代の日朝関係と日本書紀』（吉川弘文館、二〇〇〇）

※初出は『史林』一九五三。

鎌田元一「『古事記』崩年干支に関する二・三の問題」『日本史研究』四九八号（日本史研究会、二〇〇四）

小川清彦「日本書紀の暦日について」斉藤国治編著『小川清彦著作集　古天文・暦日の研究—天文学で解く歴史の謎—』所収（皓星社、一九九七）

小川清彦「日本書紀の暦日の正体」未発表（神田茂氏旧蔵）斉藤国治編著『小川清彦著作集　古天文・暦日の研究—天文学で解く歴史の謎—』所収（皓星社、一九九七）

森博達「『日本書紀』区分論と記事の虚実」『季刊邪馬台国』一三八号（梓書院、二〇二〇）

森博達『日本書紀の謎を解く』（中公新書、一九九九）

『古市古墳群測量図集成』（古市古墳群世界文化遺産登録推進連絡会議、二〇一五）

『八雷古墳—福岡県行橋市所在古墳の調査—』（行橋市教育委員会、一九八四）

『国史大系　第八巻　日本書紀私記・釋日本紀・日本逸史』（吉川弘文館、一九六五）

『令集解』（國書刊行会、一九一二、国立国会図書館デジタルコレクション所収）

中國哲學書電子化計劃『春秋左傳』『春秋穀梁傳』『春秋公羊傳』『漢書』

古代天皇たちの真実

「紀年復元法」で浮かび上がる「日本古代史」の新たな地平

著者　伊藤雅文

2024年9月5日　初版発行
2024年10月5日　2版発行

伊藤雅文（いとう・まさふみ）
昭和34（1959）年、兵庫県揖保郡（現たつの市）生まれ。広島大学文学部史学科西洋史学専攻卒業。歴史研究家。日本書紀研究会会員、全国邪馬台国連絡協議会会員、邪馬台国の会会員、大阪よみうり文化センター講師を歴任。著書に『ヤマト王権のはじまり』『邪馬台国は熊本にあった！』（共に扶桑社新書）、『日本書紀「神代」の真実』『検証・新解釈・新説で魏志倭人伝の全文を読み解く』（共にワニブックス【PLUS】新書）など。YouTube「古代史新説チャンネル」（日本書紀の界隈／邪馬台国の界隈／古墳の界隈）を好評配信中。

発行者　佐藤俊彦
発行所　株式会社ワニ・プラス
〒150-8482
東京都渋谷区恵比寿4-4-9　えびす大黑ビル7F
発売元　株式会社ワニブックス
〒150-8482
東京都渋谷区恵比寿4-4-9　えびす大黑ビル
装丁　橘田浩志（アティック）
柏原宗績
DTP　株式会社ビュロー平林
カバー写真　隅田八幡神社
印刷・製本所　大日本印刷株式会社

ISBN 978-4-8470-6224-7
ワニブックスHP　https://www.wani.co.jp